Frieda Runge

Inmitten tiefer Bergwälder

Frieda Runge

Inmitten tiefer Bergwälder

Roman

rosenheimer

2., neu überarbeitete Auflage

Titel der 1. Auflage: »Inmitten der Wälder«

Bearbeitung, Lektorat und Satz: Pro libris
Verlagsdienstleistungen, Marbach am Neckar
Titelbild: Michael Wolf, München
Druck und Bindung: Wiener Verlag, Himberg
Printed in Austria

ISBN 3-475-53153-4

1

Die Großmutter, die fünfundachtzigjährige Altbäuerin vom Sperberhof, stand an der Fensterscheibe ihrer Austragstube und sah die Jungbäuerin zum Schuppen gehen und ins Auto steigen. Sie hatte ein neues Kleid an, ein ausgesprochen offenherziges noch dazu. Ihre Bewegungen waren von jugendlicher Leichtigkeit, ihre rotblonden Haare leuchteten wie Goldfäden. Die alte Frau sah im Hofflur den Bauern, ihren Enkel, stehen und seiner Bäuerin finster nachschauen. Die Oma liebte diesen Enkel, den Sebastian Troller, mehr, als sie all ihre Söhne geliebt hatte, von denen keiner mehr am Leben war. Er war ihr ähnlich, und doch hatte er vieles, was ihr selbst fehlte: die Fähigkeit zu träumen, die Weichheit der Hingabe, das Hinwegsehen über Mängel und Fehler und das leidenschaftliche Erfassen alles Hellen und Schönen, Lebensfrohen und Wohltuenden.

Sie selbst war eines von vierzehn Kindern gewesen, die im Elternhaus nie satt geworden waren. Sie war noch ein halbes Kind, als sie schon zum Arbeiten hinausgeschickt worden war auf einen der großen Höfe an der oberen Isar. Da war wenig Zeit für Sentimentalitäten geblieben. Dass sie vor sechzig Jahren Sperberbäuerin geworden war, das kam ihr heute noch oft wie ein Wunder vor.

Ihre Schwiegertochter Regina, die mit ihr im Nebengebäude des Hofes lebte, war fünfundsechzig gewesen, als sie den Hof an Sebastian übergeben hatte. Dieser war damals schon dreißig Jahre alt gewesen und war gerade frisch verheiratet. Die Sorge, ob er es überhaupt zu einer Bäuerin bringen würde, hatte auf seine Mutter und Großmutter davor jahrelang gedrückt wie ein Alptraum, denn er hatte sich immer ein wenig abgesondert und an Frauen keinerlei Interesse gezeigt.

Sein Vater, der vorletzte Sperberhofbauer, war früh gestorben, und die beiden Frauen hatten den Hof alleine weitergeführt. Sebastian war damals knapp drei Jahre alt gewesen. Sein Zwillingsbruder, der nach ihm geborene Hannes, war heute Hofbauer in der Tegernseer Gegend.

Die Oma starrte immer noch durch die Fensterscheibe, während die Gedanken ihr durch den Kopf gingen, wie sie es immer häufiger taten, je älter sie wurde. Es war ihr, als müsse sie den Weg ihres Lebens immer wieder zurückgehen, als sei das Heute irgendwie unwesentlich geworden gegenüber dem, was früher war.

Nun hörte sie den Wagen anspringen und aus dem Schuppen stoßen, das Haar der Eva, der Jungbäuerin, leuchtete im Sonnenlicht auf.

Der Sperberhof lag auf einer Tannenwaldlichtung inmitten des Rauchenberges, unweit der Isar. Es war ein Einödhof, eine gute halbe Stunde entfernt von den nächsten Nachbarn an der Weide, nahe der Straße nach Jachenau.

Der einzige näher gelegene Nachbar war der Rauchenberger, neben dem Jagdhaus des Herrn Underberg. Der Rauchenberger bekam die Sonne eine halbe Stunde später als der Sperberhof, er lag wesentlich tiefer. Über beiden Höfen aber erhoben sich die Wälder und man konnte die kleineren Bergbäche rauschen hören. Es war eine heile und wunderschöne Welt, die da, abseits der großen Straßen, versteckt lag.

Der Wagen mit der Sperberbäuerin war längst um die Ecke geflitzt, und immer noch stand Sebastian da und starrte ihm nach. Dabei war es höchste Zeit, das Heu zu wenden, damit es besser trocknen konnte, und hinter der riesigen Fichtenmauer ging die Sonne bald unter.

Die Großmutter wandte sich ab vom Fenster und nahm ihr wollenes Umschlagetuch vom Stuhl. Regina, die eben in die Stube kam, erkannte auf einen Blick, dass es in der alten Frau wieder einmal kochte vor Zorn, und sie sagte begütigend: »Oma, ich glaube, das muss Sebastian allein ausmachen mit Eva, das geht uns nichts an!«

Die Großmutter fuhr herum. Sie war um Kopfeslänge größer als die Schwiegertochter und breitschultrig, hager und grobknochig, niemand hätte sie auf ihre fünfundachtzig Jahre geschätzt, und ihre Stimme war noch weit entfernt von Brüchigkeit und Kraftlosigkeit:

»Du hättest ihn härter erziehen müssen, den Hoferben! Er ist zu weich! So kommt er gegen die verwöhnte Städterin nicht an!«

Die Mutter des Bauern sagte nichts mehr. Sie wusste, gegen ihre Schwiegermutter kam keiner an. Da war es am besten, man hielt sich zurück.

Die Großmutter ging, kaum gebeugt, zum breit angelegten und lang gezogenen Hofgebäude, und ihre Schritte verrieten den Sturm, der in ihr tobte. Die Stunde war günstig, kein Dritter konnte hören, was sie ihrem Enkel zu sagen hatte. Die Haushälterin Ursula war im Stall bei einer Kuh, die zum ersten Mal kalben sollte, vor der war man sicher.

Mit harter Hand drückte die Großmutter die schwere Klinke nieder, und ihre Schritte im Hausflur hörte man laut. Sebastian löste sich vom Fenster, ein abwehrender Zug lag um seine Mundwinkel. Nicht etwa, dass er die Großmutter nicht leiden hätte können! Er stand ihr sehr nahe, näher sogar als seiner Mutter, die kein Gespür für Dinge hatte, die über das Erklärbare, mit Händen zu Greifende hinaus gingen.

Seine Großmutter hingegen hatte ihm immer gesagt, er sei zu einer besonderen Zeit geboren – in der dritten Raunacht eines Schaltjahres –, und er könne Dinge sehen, die normale Menschen nicht sehen würden. Zu manchen Stunden dürften die Geister der Gewesenen zurückkehren auf unsere Welt, behauptete die Oma. Nur wenigen sei es gegeben, sie in ihrer Lichtgestalt zu sehen, nur ganz wenigen, und er sei einer dieser wenigen. Die Welt durch die Augen seiner Großmutter gesehen war ganz anders als die, die er sonst wahrzunehmen gewohnt war, voller Geheimnisse und Wunder, und keineswegs alles ließ sich als Aberglaube einer alten Frau abtun.

Nun stand ihm die Fünfundachtzigjährige in der lärchengetäfelten alten Bauernstube mit den vielen Hirschgeweihen, Rehkronen und Gamshörnern gegenüber, und es war kein Entkommen, wenn er auch gerade jetzt lieber allein gewesen wäre.

So schaute er, der um einen guten Kopf Kleinere, auf zu ihr, mitten hinein in ihre stahlfarbenen, großen Augen, die einen festhielten wie mit Eisenzangen. Er brauchte nicht lange zu warten.

Sie setzte sich vor ihm auf die Bank im Herrgottswinkel, ließ ihn aber keinen Moment aus den Augen. Und sie sagte:

»Bastian, du darfst das nicht so weitergehen lassen! Jetzt fährt Eva schon dreimal in der Woche hinaus in den Ort oder gar in die Stadt, jetzt, in der Heuernte, wo man jede Hand brauchte! Du musst ihr das verbieten, sonst leidet der Hof darunter!«

Erst schwieg Sebastian, dann gab er sich einen Ruck und meint: »Oma, es ist heutzutage nicht mehr wie früher. Du und die Mutter, ihr seid das ganze Jahr nicht weggekommen vom Hof, es sei denn in die Kirche oder zum Markt. Du darfst nicht vergessen, dass sie eine Städterin ist und gewöhnt, viele Menschen um sich zu haben. Ich hatte damals sogar Sorgen, ob sie mich vielleicht gar nicht heiraten will, weil unser Hof hier so einsam ist.«

Da fiel ihm die Oma ins Wort, und ihre Augen blitzten wie Stahlklingen: »Da ist es wieder, dein verdammtes Minderwertigkeitsgefühl. Muss man dir immer wieder in die Ohren schreien, dass du der achte Sperberbauer bist am Rauchenberg an der oberen Isar? Der Sperberhof hat die Waldstraße gebaut bis zum Rauchenbergkopf, als sich Gemeinde und Behörden zu lange nicht einig wurden. Der Sperberhof ist wer, und sein Bauer auch! Was ist dagegen denn deine Eva? Eine kleine Angestellte war sie in einer Porzellanfabrik. Wenn ihr der Lohn nicht ausgehändigt worden wäre am Zahltag, dann hätte sie am anderen Ersten nichts zu beißen gehabt. So ist es doch! Und du schaust immer noch zu ihr auf wie zu einem Weltwunder. Du lässt sie dir auf der Nase herumtanzen, und das muss aufhören! Verschaff dir endlich Respekt bei ihr, damit der Hof endlich die Bäuerin hat, die er braucht!«

Die Augen der Großmutter hinderten den Blick des Enkels daran, durchs offene Fenster zu flüchten, fort von diesen stählernen, unerbittlichen Vorwürfen, denen man nichts entgegen halten konnte, weil sie zutreffend waren.

Ja, es war so, wie sie sagte! Die kleine Porzellanmalerin Eva Schipp hatte ihm ganz kleinlaut nach dem zweiten Tanz im Festsaal von Lenggries gestanden, dass ihr knapp bemessenes Feriengeld nicht mehr ganz reiche, die Pensionsschuld voll zu bezahlen. Er hatte gelacht und seine Brieftasche aus der Lodenjoppe mit den geschnitzten Hirschhornknöpfen gezogen und hatte sie aufgeschlagen. Gerade an dem Nachmittag hatte ihm der Holzhändler Moralt in Tölz fünfzehntausend Mark auf den Tisch gezählt für drei Fuhren makelloser Lärchen, die er im Sperberwald geschlagen hatte. Eva hatte große Augen gemacht, und ihm hatte es gefallen, sie so zu beeindrucken. Er hatte ihr angeboten, ihr das Geld zu leihen, und sie aufgefordert, sich zu nehmen, was sie brauche, und sie hatte zaghaft einen Hunderter herausgezogen. Nicht mehr. Das hatte ihm gefallen, und er hatte zur Bedingung gemacht, dass sie das Geld nicht überweisen, sondern persönlich auf den Sperberhof bringen solle. Ja, so hatte es mit Sebastian und Eva angefangen.

Der Hof hatte ihr gefallen, die Ställe, der weite blaue Himmel, den riesige Waldmauern begrenzten, der Blick auf die bewaldeten Berge rings, die springenden Silberbächlein, die der Isar zuplätscherten. Von den frisch geworfenen Lämmern auf der jungen Weide konnte sie sich gar nicht mehr trennen, sie sagte mit Sehnsucht in der Stimme: »Wie schön wäre es, wenn ich immer hier bleiben könnte!« Er, der Scheue und Schüchterne, der er den Frauen gegenüber immer gewesen war, hatte nach ihrer Hand gegriffen, sie festgehalten und gesagt: »Das kannst du ja, Eva – du kannst Sperberhofbäuerin werden.«

Sie hatte ihn angesehen wie eine Erscheinung. »Das kann nicht dein Ernst sein, Bastian. Ich bin eine arme Porzellanmalerin, und ich hab nichts!«

»Du hast mehr, als du meinst, du gefällst mir.«

Da sah sie zu ihm auf, sah die flammende Leidenschaft in seinen Augen, und begriff, dass es ihm ernst war. Es waren mehr Männer, als an einer

Hand zu zählen waren, in ihr Leben getreten und hatten es wieder verlassen. Keiner von ihnen hatte ihr so etwas geboten wie den Sperberhof. Und sie spürte plötzliche eine Sehnsucht nach einem Ruheplatz, nach Menschen, denen sie wirklich zugehörte. Und sie sagte ja.

Zu jener Zeit hatte die Mutter, Regina Troller, Sebastian den Hof noch nicht übergeben. Sie hatte aber versprochen, dies sofort nachzuholen, sobald er seine zukünftige Bäuerin über die Schwelle bringe.

Nach drei Monaten war Hochzeit gewesen und Hofübergabe. Er hatte ihr gesagt, dass er sich Kinder wünschte und dass auch seine Mutter und seine Großmutter nichts lieber hätten, als einen kleinen Troller in der Wiege zu schaukeln. Sie hatte ihm lächelnd zugehört und gedacht: »Mit dem Kinderkriegen lasse ich mir lieber noch Zeit. Erst will ich etwas haben von meinem Leben.« Evas eigene Kindheit war nichts, woran sie gerne zurückdachte, und zu ihren Eltern, die schon seit langem geschieden und beide, jeder auf seine eigene Weise gescheiterte Existenzen waren, hatte sie keinen Kontakt mehr.

Die Großmutter sah Sebastian an, dass er weit fort war mit seinen Gedanken, und eine Welle von Zuneigung zu ihm überfiel sie. Oft hatte sie in Angst gelebt, es könnte etwas bei ihm nicht stimmen, weil er in seinen Sturm- und Drangjahren nicht wie die anderen jungen Burschen auf Brautschau gegangen war. Stattdessen stieg er auf den

Rauchenbergkopf, schaute stundenlang in die Sterne und nahm die Stimmen der Nacht in sich auf. Er kannte jede Vogelstimme, den Schnufflaut des Dachses und das feine Grunzen des Igels, er konnte im Finstern sagen, welcher Vogel vom Horstbaum gestrichen war, ob es eine Krähe, ein Habicht oder ein Waldkauz war. Er erkannte sie am Laut ihrer Schwingen.

Doch Sebastian war nicht nur einfach naturverbunden, er hatte Fähigkeiten, die ihren eigenen glichen, so spürte er jeden Wetterumschlag schon zwei Tage vorher und hätte jede Wette darauf gewonnen. Wie oft war er mit ihr am offenen Fenster gestanden, wenn ein Unwetter aufgezogen war! Er war wie sie selbst, auch ihn zog es in jeder Vollmondnacht aus dem Haus, hinaus in die Natur.

Auch sie selber musste dann außer Haus gehen und das magische Mondlicht auf der Haut spüren. Vielleicht war dieser Gemeinsamkeit wegen ihr Herz ihm so zugetan wie keinem anderen.

So sagte sie mit einer weniger harten Stimme als sonst: »Man kann ja verstehen, dass sie als Städterin hin und wieder unter die Leute will, aber doch nicht mitten in der Ernte! Und wenn du, Bastian, sie nicht zu Hause halten kannst, dann sorg dafür, dass bald Kinder ins Haus kommen. Die werden sie beschäftigen, so dass ihr das Ausfahren vergeht!«

Der Bauer hob den Kopf und sagte, wie der Großmutter schien, abwehrend: »Oma, an mir liegt's nicht! Ich würde mich freuen, wenn wir endlich ein Kind bekämen. Aber man kann's nicht erzwingen.

Der Arzt sagt, es fehle ihr nichts und mir auch nicht. Man muss einfach Geduld haben.«

Die Großmutter schnaubte verächtlich: »Mir kommt es so vor, als ob sie bloß deshalb kein Kind bekommt, weil sie es ohne Kinder leichter hat und freier ist für ihre Lustfahrten.«

Der Enkel wäre gerne hochgefahren, doch das konnte er kaum, denn die alte Frau hatte Recht. Erst vorige Woche war er dahinter gekommen, dass Eva die Pille nahm. Zur Rede gestellt, versuchte sie erst Ausflüchte zu machen, aber sie sah wohl an seinem Gesicht, dass es ihm bitterer Ernst war. Da gab sie es zu. Sie hatte ihm versprechen müssen, dass sie von jetzt ab keine Mittel zur Empfängnisverhütung mehr nehmen werde, und er hatte die Sache auf sich beruhen lassen. Aber immer öfter fuhr sie seitdem hinaus nach Lenggries oder nach Tölz, und alles daheim blieb liegen und musste von Ursula, der Haushälterin, erledigt werden.

Diese war auf den Hof gekommen, als sie zehn Jahre alt war, und ohne sie hätte es um den Hof schlecht gestanden, sie schaute nicht auf die Uhr, wenn's um die Arbeit ging. Sie opferte ohne Klagen ihre Nächte, wenn ein Kälbchen kommen sollte, die Schafe lammten oder die Stuten auf ihre Fohlen warteten. Sie war die geborene Umsicht und Fürsorge. Er hörte sie in der Küche arbeiten, es war bald Mittagszeit und die Großmutter hörte es auch. Sie sagte: »Wenn wir die Ursula nicht hätten, dann wäre der Hof in einem bösen Zustand. Ursula schafft mehr als zwei Bäuerinnen. Und deine Mutter kann nicht mehr, wie sie möchte, und ihre Gesundheit wird nicht mehr besser! Du musst nach dem Rechten sehen, Bastian! Es geht nicht an, dass man der Haushälterin alles aufpackt und die Bäuerin sich ein schönes Leben macht auf ihre Kosten.«

»Oma, ich will mit ihr reden«, sagte der Enkel und ging aus der Stube.

2

Die junge Bäuerin vom Sperberhof flitzte die Schnellstraße entlang auf München zu. Daheim glaubten sie, dass sie nur bis Tölz führe, um sich einen netten Tag zu machen, aber sie irrten sich! Mochten sie doch mit ihrem Heu tun, was sie wollten! Der Bauer und Ursula würden es auch ohne sie schaffen, wofür war der neue Auflader da! Das Abladen und Verteilen im Heustock war sowieso nicht Frauensache. Sie müsste sich halb tot husten bei dieser Arbeit, weil sie den Heustaub nicht vertragen konnte.

Was für ein wunderschöner Tag! Die Benediktenwand lag schon hinter ihr, auf dem Heiglkopf über Wackersberg hing ein winziges Federwölkchen wie hingeblasen. Sonst war der Himmel leuchtend blau. Der Geruch blühender Holunderstauden lag über der Welt wie ein Mantel. Die Isar sprang mit silbernen Wellen durch ihre Au. Auch die Kirchtürme von Tölz flitzten vorüber, Bewahrer einer anderen Zeit, Eva Troller mochte sie gern, weil sie zum alten Stadtbild gehörten. Mehr Bindung zu ihnen hatte sie nicht.

In ihrem Elternhaus hatte es keinen anderen Glauben gegeben als den, dass der Kleine der Betrogene war und klug daran tat, sich vom Reichtum der anderen etwas zu nehmen, wenn er konnte.

Dass sie die Lehre in der Porzellanmalerei bestanden hatte, verdankte sie Ingrid, der Klassenkameradin, die aus glücklicheren Verhältnissen kam. Zu ihr fuhr sie heute, sie wollten sich einen schönen Tag machen. Eva schaute flüchtig an sich hinunter und war zufrieden mit sich. Über ihrer gertenschlanken Gestalt spannte sich das schöne neue Kleid, das die Farbe reifer Pfirsiche hatte, das Haar trug sie offen.

Die Alte, wie sie die Großmutter bei sich nannte, hatte die Augen aufgerissen, als sie einmal mit offenem Haar über den Hofanger gegangen war. Gesagt hatte sie nichts. Wenn die glaubte, dass sie sich Vorschriften machen ließe von einer Fünfundachtzigjährigen, dann irrte sie sich! Und doch! Sie beschäftigte sich in Gedanken mehr, viel mehr mit der Alten als mit ihrer Schwiegermutter, Regina, die ihr doch bei vielem zur Hand ging. Regina nahm, ohne dass ein Wort darüber fallen würde, die gesamte Wäsche des Hofes von der Leine, trug sie in ihr Zimmer und brachte sie mustergültig und sauber gebügelt herüber zum Hof. Die Schwiegermutter war eine herzensgute Frau, doch die Alte war manchmal zum Fürchten. Sie war nicht nur außerordentlich an Gestalt, es ging auch eine eigenartige Kraft von ihr aus, so dass man lieber einen Bogen um sie machte, als dass man ihr begegnete.

Mit Sebastian hatte sie die unbegreifliche Verbundenheit gemein mit allem, was da kreuchte und fleuchte, und beide wurden manchmal etwas seltsam, vor allem bei Vollmond zog es sie beide hinaus ins Freie, als ob der große Hof zum Gefängnis geworden wäre, wie Schlafwandler wirkten sie dann.

Sie hatte gesehen, dass die Alte ihr breitflächiges Gesicht zum Himmel wandte und die Hände faltete wie in Verzückung. Und sie wusste, dass sich das Gesicht Sebastians ebenso verwandelte, wenn er das leise Rauschen seines Waldes vernahm.

Es war nicht so, dass sie sich beklagen musste. Großmutter und Schwiegermutter hausten für sich im Nebengebäude, sie kamen nur, wenn man sie rief, weil man sie brauchte. Auch hatte ihr weder die eine noch die andere jemals ein spitzes Wort gesagt. War es hin und wieder zu Meinungsverschiedenheiten gekommen, so stellte sich sofort Bastian ganz auf ihre Seite. Eigentlich konnte sie sich nicht beklagen. Der Bauer überließ ihr das gesamte Milchgeld von sechsundzwanzig Kühen, das, was die Hennen, die Schafwolle, die Lämmchen einbrachten, und das Übernachtungsgeld von den Sommergästen, von denen seit Jahren einige regelmäßig auf den Sperberhof kamen, weil er so abseits, still und romantisch lag. Von diesem Geld bestritt sie Haushalt, Kleidung und was man so nebenbei brauchte. Bis jetzt hatte es immer gereicht, zumal vieles vom Hof selbst erwirtschaftet wurde.

Zu Weihnachten und Ostern wurde ein Schwein geschlachtet, dazu kam noch ein schweres Hirschstück aus der Gemeindejagd. Die beiden Alten hielten einen ertragreichen Gemüsegarten, keine Großbäuerin von Lenggries, Wegscheid und Jachenau brachte schöneres Gemüse auf den Tisch. Sechsunddreißig Bienenstöcke standen windgeschützt und sonnenzugewandt neben dem Geräteschuppen, Honig gab es in guten Jahren zentnerweise. Aber der Ertrag dafür floss in Sebastians Taschen, er hatte auch seine Verpflichtungen. Nicht jedes Jahr konnte er drei Fuhren Bäume schlagen, und nicht jedes Jahr konnte der Hof fünfzehn Kälber verkaufen, schließlich mussten auch immer ein paar aufgezogen werden. Es gab auch Rückschläge im Stall, Krankheiten, obwohl die Alte ihre geweihten Kräuterbüschel über jedes Stallfenster steckte und jedem einzelnen Tier eine kleine Menge davon zu fressen gab. Dieses Jahr, so schien es, war ein gutes Jahr im Stall. Die beiden Stuten waren trächtig, und Bastian freute sich sehr darüber. Oft sah sie ihn, wie er den Kopf auf den Hals der Pferde legte und sie streichelte. Wenn ihn die Stuten schon von weitem sahen, grüßten sie ihn mit freudigem Wiehern, es war offensichtlich eine große Liebe zwischen Bauer und Pferden.

Sie selbst konnte nichts anfangen mit den Tieren. Schneeweiße, saubere Lämmchen mochte sie gern. Aber das Kälbertränken überließ sie lieber der Ursula, die es mit Leidenschaft machte und sie bemutterte, als wären es ihre Kinder. Auch die vier Mastschweine waren Sache der Haushälterin. Sie selber kümmerte sich darum, dass die Zimmer sauber blieben, dass die riesige Küche mit dem gekachelten Herd und den tiefen Fenstersimsen immer wieder etwas Einladendes behielt, das ihr selber

Freude machte. Sie war in einer Hinterhofwohnung groß geworden, ohne einen Hauch von Schönheit und Gepflegtheit, sie fühlte sich wohl in diesen großen, hellen Räumen des weitläufigen Bauernhofs.

Nur hielt dieses Gefühl nie lange an. Wenn sie vors Haus trat und die endlosen Wälder rings um den Sperberhof sah, nichts sonst, außer dem kleineren und tiefer gelegenen Hof des Rauchenberger mit dem Jagdhaus daneben, dann war ihr, als schnüre ihr einer die Kehle zu. Wohl lagen die Wiesen frei um den Hof, aber der Himmel, der freie Himmel blieb eingekränzt vom Wald, der für sie wirkte wie lebendige Mauern.

Sie musste, ob sie wollte oder nicht, hinaus in die freie Weite, hinaus zu den Menschen, die ihrer Art waren und ihres Herkommens.

Bereits in Lenggries, an der belebten Isarbrücke, wurde ihr wohler und ihr Atem freier. Sie hätte jedem zuwinken mögen, jeden einladen, mit ihr zu fahren in die Stadt, die ihr nie Heimat hatte werden können und von der sie dennoch geprägt worden war. Das Sprichwort »Heimat ist, wo Liebe ist!« schien auf sie nicht zuzutreffen, denn sie konnte nicht leugnen, dass sie sich auf dem Sperberhof nach wie vor fremd fühlte, obwohl kein Zweifel daran bestehen konnte, dass Sebastian sie liebte. Drei Jahre war es nun schon her, dass sie Bäuerin auf dem Sperberhof geworden war, und nie hatte sie Grund gehabt, daran zu zweifeln. Nie ließ er sie unter schlechter Laune leiden, immer hatte er sich in der Gewalt, und weder die beiden Alten noch die Haushälterin hatten jemals ein zorniges oder verletzendes Wort von ihm gehört. Und sie selbst schon gar nicht.

Die Pflichten und Rechte hatte er am Tage der Übergabe jedem zugewiesen, und diese wurden eingehalten. So gab es keinen Streit. Aber in diesem Sommer fiel ihr das Daheimbleiben schwer, es kam ihr wie eine Gefangenschaft vor.

Als sie Sebastian heute Morgen gesagt hatte, dass sie Besorgungen machen müsse in Tölz, da hatte er ihr vorgehalten, eine Bäuerin müsse doch wissen, dass während der Heuernte jede helfende Hand gebraucht wurde. Wer denn die sechs oder sieben Fuhren Heu im Heustock lagern solle, wenn nur Ursula zur Hand sei? Ob er vielleicht die Großmutter und die kranke Mutter auf den Heustock schicken solle, derweil sie spazieren fahre? In diesem Ton hatte er noch nie mit ihr geredet. Aber sie war die Stiege hochgelaufen, hatte sich schön gemacht und ihm noch zugewinkt, als er ihr durchs Stubenfenster nachsah.

Finster war sein Gesicht gewesen wie nie zuvor. Auch hatte er sie gestern gefragt, ob immer noch keine Hoffnung auf einen Hoferben sei, und sie hatte zufrieden verneint. Ihr eilte es immer noch nicht mit dem ersten Kind, sie war sich klar darüber, dass sie mit Kindern für lange Zeit an den einsamen Hof gefesselt sein würde.

Als sie der Stadt näher kam, als die ersten Trambahnen ihren Weg kreuzten, die Menschen wie

Ameisen so eilig ihren Zielen entgegenhasteten und Benzindunst das Atmen schwerer machte, da ging ihr das Herz auf.

Im Hofbräuhaus traf sie sich mit Ingrid. Sie brauchte nicht lange zu suchen. Ingrid saß, wie abgemacht, am vierten Tisch rechts, nahe dem Eingang. Sie hatte den einen Stuhl, der noch frei war, belegt und ließ keinen daran. Eva Trollers Augen wurden feucht vor Freude. Sie hatte keine Mutter gehabt, die man hätte achten können. Und sie wusste, dass irgendwo in der Welt ihr trunksüchtiger Vater seine Invalidenrente durchbrachte. Geschwister hatte sie nie gehabt. So war ihr Ingrid alles geworden, Vater und Mutter, Bruder und Schwester, Kumpel am Zeichentisch und Kameradin. Es war immer nur Gutes von ihr gekommen, ehrliche und wohl überlegte Ratschläge, hin und wieder auch ein ernster Vorwurf, um sie, die Leichtsinnige, vor Schaden zu bewahren. Meistens hörte sie auf den Rat.

Ungeachtet der vielen Menschen umarmte sie Ingrid und drückte sie an sich. Dabei bemerkte sie, dass sich deren Körper verändert hatte. Er war gewölbt, und auf Ingrids feiner Haut traten braune Tupfen hervor. Ein eisiger Schreck durchfuhr sie, und sie fragte zögernd:

»Ingrid – du bist doch nicht?«

»Doch, ich bin!« Ingrid sagte es mit einem Gesicht, das rundum zufrieden wirkte. Da ließ sich Eva schwer auf ihren Stuhl fallen. Sie verstand die Welt nicht mehr. Wie hatte sie die Kameradin beneidet in den drei Jahren ihres Fortseins. Beneidet um ihre Freiheit, um den Platz im Zentrum des Lebens, beneidet darum, dass sie eine der abertausend Ameisen sein durfte, die Abend für Abend durchs Lichtermeer der Millionenstadt ihren Weg suchen. Und nun saß diese Beneidete da mit einem dicken Bauch und strahlte unbegreiflicherweise sogar darüber. Ihre erste Frage war: »Heiratet er dich?«

Ingrid schüttelte den Kopf und neigte sich der Freundin näher zu. Dabei wies sie mit einem Blick auf das alte Ehepaar neben sich und meinte leise: »Die beiden alten Leute hören schlecht. Da kann ich dir meine Geschichte erzählten. Also hör zu! Ich habe dich ja nie verstanden, wenn du mal wieder angefangen hast, dich wegen eines Mannes wie eine geistig Umnachtete aufzuführen. Ich bin immer ohne die Kerle ganz gut ausgekommen. Aber dann hat es mich selbst erwischt. Ich habe ihn im Biergarten kennen gelernt, er war nur zu Besuch in München, ich weiß nicht einmal seinen Namen. Wir sind zufällig nebeneinander gesessen und haben uns auf Anhieb gut verstanden. Den ganzen Abend sind wir zusammen gewesen, und als es dunkel wurde, sind wir noch zu mir nach Hause gegangen – und da ist es passiert. Ja, und jetzt bin ich schwanger, aber ich musste keine Sekunde nachdenken, ob ich es behalte oder nicht. Ich freue mich schon sehr auf mein Kind.«

»Ja aber, wer soll sich denn um das Kind kümmern? Du musst doch Geld verdienen!«

»Meine Mutter ist jetzt im Rentenalter und hat mir angeboten, bei mir einzuziehen und sich während meiner Arbeit um das Kind zu kümmern. Sie kriegt mein Schlafzimmer, und ich hause im Wohnzimmer mit meinem Kind. Dazu hat mir die Firma einen besser bezahlten Posten gegeben, weil meine Zeichnungen den Leuten wohl besonders gut gefallen, und ich glaube, sie werden immer schöner, seit ich schwanger bin. Alles fliegt mir nur so zu, ich fühle mich großartig! Aber sag mal« – und es flog ein forschender Blick über Evas schlanken Leib –, »was ist eigentlich mit dir? Du bist doch schon seit drei Jahren verheiratet, und bei dir tut sich nichts mit Kindern?«

Eva Troller schüttelte heftig den Kopf. »Mir kann nichts passieren, ich nehme die Pille.«

Ingrid schaute die Freundin erstaunt an: »Wieso nimmst du die Pille? Ich dachte, dein Mann wünscht sich ein Kind, nimmst du sie etwa heimlich?«

Als Eva, die sich ertappt fühlte, rot wurde, schüttelte Ingrid energisch den Kopf und meinte: »Ich versteh dich nicht, Eva. Dass du deinen Mann so hintergehst, ist mir unbegreiflich. Sebastian trägt dich förmlich auf Händen, du sitzt auf einem Hof, wie ich einen schöneren noch nie gesehen habe, hast eine Haushälterin für die grobe Arbeit – und du nimmst heimlich die Pille. Das finde ich eine Gemeinheit!«

Eva Troller schaute finster vor sich hin und suchte nach den richtigen Worten, um sich verständlich zu machen.

»Du hast gut reden! Du bist Tag für Tag unter Leuten, es rührt sich was um dich. Ich werde auf dem Hof noch verrückt, weil ich manchmal einen ganzen Tag lang keine Menschenseele sehe. Sebastian ist viel im Wald, er macht seine Durchforstungen selber, ohne Hilfe, die Haushälterin hat im Stall zu tun, und die beiden Alten sehe ich nur, wenn sie aus dem Nebengebäude geholt werden. Die Stuben sind so weit und still, und wenn ich hinausgehe vors Haus, ist da ein riesiger Wiesenfleck inmitten turmhoher Wälder, ein eingesperrtes Stück Himmel darüber und sonst nichts mehr. Man muss ein schönes Stück gehen, um die Isar erblicken zu können, und wenn es klar ist, kann man die Berge sehen im Süden und die Straße am anderen Ufer, mehr nicht. Unsere Sommergäste machen mit ihren Autos oft weite Touren und kommen erst abends wieder. Ich mache ja meine Arbeit, aber manchmal muss ich einfach raus und Leute sehen, sonst verliere ich den Verstand.«

»Aber Eva, wenn du ein Kind hättest, wärst du doch nicht mehr allein. Ach was, ein Kind? Ein halbes Dutzend hätte ich, wäre ich an deiner Stelle, mindestens ein halbes Dutzend! Gibt es denn eine bessere Welt als deinen Bauernhof, um Kinder großzuziehen? Andere Eltern haben viel schlechtere Bedingungen und trotzdem setzen sie Kinder in die Welt oder sind kreuzunglücklich, wenn sie keine bekommen können. Wenn ich mir nur überlege, wie viele Ehepaare auf der Warteliste für ein Adoptivkind stehen! Eva, du machst einen Fehler, glaub mir. Versprich mir, dass du über meine Worte nachdenkst. Ich möchte nämlich bei deinem ersten Kind Patin werden, und zwar möglichst bald.«

Ingrid war der einzige Mensch, dem Eva eine solche Gardinenpredigt nicht übel nehmen konnte, noch nie hatte sie von ihr einen schlechten Ratschlag erhalten. Vielleicht hatte sie ja Recht, dass ein Kind sie mit dem Leben auf dem einsamen Hof versöhnen würde. Sie wollte darüber nachdenken. Aber nun wollte sie sich mit ihrer Freundin ins Vergnügen stürzen, einen ausgiebigen Stadtbummel machen und dann vielleicht noch mit ihr ins Kino gehen.

Eva hatte die Stadt und Vorstadt hinter sich gelassen und fuhr in den goldenen Abend hinein, ohne ihn wirklich wahrzunehmen. Sie dachte darüber nach, wie es wohl wäre, ein Kind zu haben, erinnerte sich, wie einmal drei Tage verflossen waren, ohne dass sie ihre Regel bekommen hatte. Sebastian war wie im Glücksrausch gewesen. Am liebsten hätte er sie hochgehoben und herumgetragen und in die Welt, in seine stille, einsame Welt hineingeschrien: »Wir bekommen ein Kind!« Als sie ihm dann sagen musste, dass er sich umsonst gefreut habe, war er so niedergeschlagen, wie sie ihn nie zuvor erlebt hatte.

Was sprach eigentlich wirklich dagegen, ein Kind zu bekommen? Wenn sie unter Menschen wollte, konnte sie das Kind ja immer noch mitnehmen oder Ursula anvertrauen. Je länger sie darüber nachdachte, desto besser gefiel ihr die Idee. Sebastian sollte seinen Hoferben haben. Und im Fahren fasste sie nach ihrer Handtasche auf dem Beifahrersitz, tastete, ohne den Blick von der Fahrbahn zu lösen, nach der Packung mit der Pille und warf die angebrochene Schachtel aus dem heruntergekurbelten Autofenster.

3

Als sie auf den Hofplatz fuhr, stand die Großmutter unter der Stalltür, die zu den Kälbern führte, hatte einen Trankeimer in der Hand, und ihr Blick nagelte sie fest. Sie sprach kein Wort. Eva huschte ins Haus, flink wie ein Wiesel. Wenigstens das Abendessen wollte sie noch schaffen, bevor ihr Mann Feierabend machte. Aber da stand bereits die Altbäuerin am Herd und rührte Kartoffelbrei mit Schweinegrieben und goldgelb gerösteten Zwiebeln. Eine Scheibe hausgemachter Sülze aus der Gefriertruhe gab es dazu und zum Trinken saure Milch. Auf dem Sperberhof gab es nur zu Feiertagen und hohen Festtagen Bier, und selbst dann nicht immer. Der Bauer vertrat den Standpunkt der Großmutter, dass schlecht gewirtschaftet wurde auf einem Hof, wo man die eigenen Erzeugnisse billig verkaufte und das, was im Haus zusätzlich gebraucht wurde, teuer wieder kaufte. Am Anfang hatte sie sich dagegen gesträubt, dann aber erkannt, dass sie mit ihrem Wirtschaftsgeld besser zurechtkam, wenn sie sich so oft wie möglich auf Speisen und Getränke beschränkte, die nicht gekauft werden mussten.

An sich war die junge Trollerin keine Verschwenderin und freute sich auch über manchen guten Rat, den ihr die Großmutter dazu gab. Ihr

Haar wusch sie auf deren Empfehlung mit Brennnesselsaft und war sicher, dass es stimmte, dass es durch diese Behandlung bis ins hohe Alter so schön bleiben würde, wie es jetzt war. Die Alte selber trug noch eine Haarkrone um ihren Kopf, um die sie manche jüngere Frau beneiden konnte.

Die Altbäuerin, ihre Schwiegermutter, hantierte am Herd und sagte kein Wort. Als ob ihr einer den Hals zuschnürte, brachte die Heimgekehrte ein brüchiges ›Guten Abend‹ heraus, und die Bäuerin-Mutter sagte, nicht freundlich, nicht unfreundlich: »Grüß dich, Eva!« Mehr nicht. Sie fragte nicht, warum sie fortgefahren sei, wo der Hof doch eben jetzt jede Hand brauchte, sie sagte nichts weiter. Eva war ihr dankbar dafür, denn jetzt drückte sie doch das Gewissen. Es fiel ihr ein, dass Ingrid ihr zum Abschied eine Tafel Schokolade in die Handtasche gesteckt hatte, als Wegzehrung. Nun war sie froh darum. Mit einem Lächeln unausgesprochener Abbitte steckte sie die Tafel in die Küchenschürze der Schwiegermutter und sagte: »Esst sie miteinander, du und die Großmutter, ich hab sie geschenkt gekriegt von der Ingrid.«

»Wie geht es ihr denn?«, fragte Regina, »die Ingrid ist ein Mädchen, vor dem muss man Respekt haben.«

Als sie zum ersten Mal zu Besuch gekommen war auf den Sperberhof, hatte sie der Altbäuerin einen selbstbemalten Brotteller gebracht, so schön, wie keiner im Haus war, nicht einmal in Großmutters Geldkasten.

»Es geht ihr gut«, sagte Eva. Mehr nicht.

So viel wusste sie von Schwiegermutter und Großmutter, dass ein Mädchen mit einem unehelichen Kind an Ansehen einbüßen musste, sei sie sonst, wie sie wolle. Flink deckte Eva den Tisch, nur mit einer weiten Küchenschürze über dem schönen neuen Kleid, und sie sah, wie die Schwiegermutter einen mahnenden Blick darauf warf. Eva sagte zu ihr: »Weißt du, Mutter, heut ist ein besonderer Tag! Da passt ein festliches Kleid dazu. Aber verraten, warum, kann ich jetzt noch nicht, erst später!«

Die Altbäuerin horchte auf. Konnte es denn sein, dass –? Das wäre natürlich eine Erklärung für ihre unerwartete Abwesenheit gewesen, gerade als man sie dringend gebraucht hatte. Sicher war sie beim Arzt gewesen, um sich bestätigen zu lassen, dass sie ein Kind erwartete!

Am liebsten hätte Regina Troller ihre Schwiegertochter umarmt, so glücklich klopfte ihr das Herz. Eva begriff sogleich, was in der Schwiegermutter vor sich ging, und sie fühlte sich verpflichtet, ihre Begeisterung etwas zu dämpfen: »Noch kann ich's nicht, aber du bist die Erste, der ich es sagen werde, Mutter!«

Die Altbäuerin nickte. Fünf Fehlgeburten hatte sie beweint, bis das Zwillingspaar, Sebastian und Hannes, ihr geblieben war. Dass die Schwiegertochter erst dann mit der Sprache herauswollte, wenn die kritischen ersten Schwangerschaftsmonate vorüber waren, konnte sie gut verstehen.

In einer Wolke von Heuduft versank der Hof. Damit vermischte sich der schwere Duft von den üppig blühenden Holunderstauden und je tiefer es in den Abend ging, desto mehr riss er die Herrschaft an sich. Nur das kleine Feld weißer Josefslilien im Blumengarten vermochte sich neben ihm zu behaupten. Klatschrosen, Türkenbund und Akelei versuchten erst gar nicht dagegen anzukommen. Millionenfach geigten die Grillen ringsum, und das heimliche, von den Trollers geliebte Raunen der umliegenden Wälder wurde in der stillen Abendstunde zum lebendigen Atem.

Wohl kein Mann unter Gottes weitem Himmel verspürte die Sehnsucht nach einem eigenen Kind so wie Sebastian Troller, den das Wunder des neuen Lebens bei jeder Kreatur immer wieder aufs Neue ergriff, jedes Lämmchen, jedes Kalb, jedes Fohlen in seinen Ställen und auch die Jungtiere der kleinen und großen Bewohner des Waldes, die er mit derselben Freude beobachtete.

An den Wänden der Stube mit dem herrlichen Kachelofen aus dem Inntal, der seit Generationen dort stand, hingen wohl Hirschgeweihe, Rehkronen und Gamshörner, aber keins war seine Beute gewesen. Wohl hatte er Jagdrecht und Jagdschein, aber nur, um den vielen Krähen, den natürlichen Feinden der letzten Berghasen, Einhalt zu gebieten. Ein anderes Tier der freien Wildbahn hatte er noch nie getötet. Eine säugende Füchsin war vor Jahren im Hennenstall eingedrungen und hatte vierzehn erstklassige Legehennen totgebissen. Die Großmutter meinte, die Füchsin würde wiederkommen, um für ihre Jungen neuen Vorrat zu holen, er möge sich auf die Lauer legen und die Räuberin abschießen. Da hatte er die Großmutter groß angesehen und gesagt: »Würde dir das wirklich gefallen, wenn dein Enkel einem Haufen hungriger Junger die Mutter totschießt? Und eine Mutter ist es gewesen. Ein Füchsrüde hätte nur eine Henne gerissen und sie mitgenommen. Eine Mutter denkt weiter.« Da hatte sich die Alte zufrieden gegeben, der Stall wurde gesichert, dass die Füchsin nicht mehr hineinkonnte, sonst wurde nichts unternommen.

Sebastian genoss den Sommerabend am Rauchenberg, die mit Glanz und Duft erfüllte Stille, das verglimmenden Leuchten des hohen Himmels, das tiefe Atmen der Wälder und dem stark strömenden Geruch gemähten Wieslandes. Vierundzwanzig Fuhren waren bereits unter Dach und Fach. Und es war kein Tropfen Regen darauf gefallen. Eva, die neben ihm ging, schaute ihrem Mann von der Seite ins Gesicht, fand, dass es grundehrlich und Vertrauen erweckend wirkte mit der geraden, kräftigen Nase, dem festen Kinn, den etwas tief liegenden stahlblauen Augen – den Augen der Großmutter – und dem Mund, der viel Herbes an sich hatte. Eigentlich war es das Gesicht eines Asketen, der sich immer und überall in der Gewalt hatte und über den die menschlichen Leidenschaften nicht triumphierten.

Etwas wie Stolz überkam Eva, dass ein solcher Mann sie zu seiner Frau gemacht hatte, und aus diesem Gefühl heraus fasste sie seine Hand, drückte sie und sagte:

»Bastian, bald werden wir ein Kind haben, du wirst sehen.«

Der Mann blieb stehen und tat mit geschlossenen Augen einen tiefen Atemzug. Er hatte den Kopf zurückgeneigt, so dass sein Gesicht wie eine Schale dem abendlichen Himmel zugewandt war. Es lag so viel Glück, so viel Dankbarkeit in diesem Gesicht, dass ihr die Augen feucht wurden. An diesem Abend wurde das erste Kind von Sebastian und Eva Troller gezeugt.

4

Zwei Monate danach, als Eva vom Lenggrieser Arzt heimgekommen und sicher war, dass sie nicht nur Hoffnungen pflanzte und Versprechungen machte, gingen sie wieder ihren abendlichen Gang, den Waldweg zurück, den Isarauen zu. Eva litt weniger als früher an der tiefen Stille ringsum, es wuchs in ihr eine Art Freude auf das Kind, aber es war eine andere Freude als bei Bastian. Dem strahlte Lebenslust aus jeder Bewegung, ja, sie hatte ihn, der nie vorher sang, im Schuppen singen hören. Die Großmutter war im Türstock des Nebengebäudes gestanden, und ihr strenges, ja hartes Gesicht wandelte sich seltsam. Als die junge Bäuerin sie so betrachtete, musste sie denken: ›Die Alte muss schön gewesen sein als sie jung war. Wie muss sie gewartet haben auf das Kind!‹

Sie hob die Arme und umarmte Sebastian, wie sie dies zu Anfang ihrer Ehe kaum einmal getan hatte, und sagte plötzlich zu ihrem Mann: »Weißt du, Bastian, ich muss dir endlich einmal sagen, wie hoch ich es dir anrechne, dass du mich nie nach den anderen, die vor dir waren, gefragt hast. Viele Männer sind eifersüchtig auf alles, was passiert ist, bevor ihre Frau sie kennen gelernt hat.«

Bastian schaut seine Frau mit tiefem Ernst an. »Eva, ich hab dir vom ersten Augenblick an so vertraut, dass ich mir sicher war, wenn du als meine Frau über die Schwelle des Sperberhofes gehst, dass all das hinter dir bleibt, als sei es nie gewesen!«

Bald würde es Herbst werden, und dann Winter, eine Zeit, der sie bisher nicht viel hatte abgewinnen können, die sich zäh und trostlos dahingezogen hatte. Jetzt nahm sie sich vor, es sich gemütlich zu machen und die Zeit zu genießen. Die junge Sperberhofbäuerin las gern und viel, die reichhaltige Lenggrieser Gemeindebücherei bot genügend Auswahl. Die beiden Alten dagegen im Nebengebäude holten den Flickkorb zu sich hinüber, und Ursula, die Haushälterin, setzte sich zur Winterszeit gerne mit dem Strickzeug auf die Ofenbank, während die Äpfel in der Ofendurchsicht brutzelten.

Sebastian saß derweil im Herrgottswinkel und bestickte das prachtvolle lederne Geschirr der Pferde neu. Säcklermeister Stadler in Lenggries hatte es ihm beigebracht. Die Sperberhofer vom Rauchenberg hatten seit Generationen zur Leonhardifahrt in Tölz nicht nur die schönsten Pferde, sondern auch das schmuckste Riemenzeug gestellt.

Vom Ross- und Bruchstein herüber wehte es schon kühl, eine erste Vorahnung der kalten Jahreszeit. Es würde nicht mehr lang dauern, bis der erste brunftige Hirsch seinen Liebesruf ertönen ließ. Sebastian fühlte sich immer wieder von neuem vom Röhren der Brunfthirsche mit einer Gewalt ergriffen, die der des Vollmondlichts ähnlich war. In beiden war Urweltkraft, der Ruf aus grauer Vorzeit, das Verlangen, den Sinn unseres Lebens traumhaft zu ertasten. Das große Gesetz des Weiterlebens, Weiterbestehens schwang darin wie die Mahnung einer tönenden Glocke.

Nur ganz fein, als schales Leuchten, lag der Schimmer der untergegangenen Sonne auf dem Rücken des Schönbergs. Dunkelblau, wie der Kelch einer Enzianblüte, wölbte der Himmel sich über den Waldrücken bis hinein ins Jachenauer Tal und darüber hinaus, wo es hinübergeht ins Tegernseer Land. Sebastian sah den Blick seiner Frau wandern, und er sagte:

»Du wirst sehen, Eva, eines Tages ist dir all das lieber als deine große Stadt. Glaub mir, letzten Endes verspürt jeder Mensch, dass er in Wahrheit nur daheim ist in der Natur. Aus ihr kommen wir.«

Eva schaute nicht auf, sie lauschte in sich hinein, ob sie wieder die wirren, unsteten Stimmen hörte wie so oft, die sie immer so unzufrieden und verdrossen machten. Sie hörte nichts von ihnen. Da zog sie seinen Kopf zu sich herunter und sagte fast demütig:

»Bastian, du bist ein guter Mensch, hab Geduld mit mir. Ich bin nun mal eine eingewurzelte Großstadtpflanze.«

Und der Mann, ob der ungewohnten Offenheit weich werdend, antwortete: »Eva, wenn du gerne möchtest, fahren wir zwei zum Oktoberfest. Dazu laden wir deine Freundin Ingrid auch ein, und du kannst mal wieder Stadtluft schnuppern.«

»Das wäre großartig«, strahlte Eva.

Dann gingen sie weiter, der Isar zu, sie hörten hin und wieder aus einem Horst über ihren Köpfen abendmüde Vogelstimmen, einen schwatzenden Quell im Unterholz und vom Fluss her das Auffahren eines Rehbocks.

Mitten im Gehen blieb Bastian stehen und zeigte auf ein winziges Blumengeflecht, goldgelbe Sternchen in einem silbergrünen, bizarren Gerank, das sich über die Kiesel am Ufer der Isar hinzog. Sebastian griff in die Westentasche, holte eine Lupe heraus, pflückte eine Blüte und gab ihr das Vergrößerungsglas in die Hand.

»Mein Gott, ist das Blümchen schön.« Eva nahm das Glas vom Auge und schaute ihren Mann an, als sähe sie ihn zum ersten Mal. »Bastian! Ich wünsche mir, dass unser Kind dein Wesen bekommt, mehr wünsche ich mir nicht. Dann ist es selber glücklich und macht andere glücklich, so wie du!«

»Aber Eva! Von dir geht viel mehr Leben, viel mehr Heiterkeit aus als von mir. Das Kind kann ruhig nach deiner Art werden.«

»Bastian, sag das nicht! Ich wünschte, ich wäre nicht immer so voller Unruhe und Rastlosigkeit. Vielleicht wird man eben so, wenn man als Kind kein richtiges Zuhause gehabt hat, mit Eltern, die einen lieben. Wäre Ingrid nicht gewesen, wer weiß, was aus mir geworden wäre! Seit ich deine Frau bin, ist es besser geworden. Jetzt habe ich Heimat und Geborgenheit, ehrliche Liebe von Menschen, die ich achten muss. Deine Mutter hat mir noch kein ungutes Wort gegeben, und die Großmutter legt mir auch nichts in den Weg. Ich hätte es nicht besser treffen können, ich weiß es. Tausend andere würden Gott danken für so eine Heimat. Aber mir ist dauernd zumute, als versäumte ich das Leben hier hinten, eingesperrt von den Rauchenbergwäldern – Bastian, du, der hier daheim ist, kannst das sicher nicht verstehen.«

Das Herz wurde dem Mann schwer, aber gleichzeitig rührte ihn ihr Vertrauen. Noch nie zuvor hatte sie ihm einen solch tiefen Einblick in ihr Innenleben gewährt. Wenn er auch vor manchem erschrak, das sich da auftat, er liebte sie und wollte ihr helfen, heimisch zu werden auf dem Sperberhof.

In dieser Stunde erkannte er, dass die Großmutter mit ihrer Warnung Recht gehabt hatte. Es war damals gewesen, als er Eva vorgestellt hatte als zukünftige Frau auf dem Sperberhof. Die alte Frau hatte Eva groß und ernst angeschaut, hatte ihr freundlich die Hand gegeben und ihr alle Ehren angetan, die man der Braut des kommenden Hofhalters gegenüber im Bauernland zu wahren hatte. Da die Mutter krank gewesen war, hatte sie die zukünftige Sperberhoferin erst durch das weite Haus geführt, die vielen Zimmer, auf dieses und jenes besonders schöne, wertvolle Stück Hausrat hingewiesen in der Sorge, die Städterin könnte es übersehen. Unter den schweren dunklen Deckenbalken der Zimmer hatten sich im Lauf von drei Jahrhunderten einmalig wertvolle Stücke angesammelt, die niemand auf dem Hof hergegeben hätte, und sei es für noch so viel Geld.

Da war der Glasschrank, den die erste Troller-Braut, eine Tölzer Bürgertochter, mitgebracht hatte. Handgefügt und handgeschnitzt bestand er aus Wildkirsche mit vergoldeten Messingbeschlägen und Butzenscheiben aus böhmischem Glas. Kostbarkeiten lagen auf Samtkissen dahinter. Ein Tölzer Brautkrönlein mit echten Perlen, das Goldgerank darüber bewahrte noch seinen alten Glanz. Daneben schimmerte ein dreiarmiger Kerzenleuchter in Filigranarbeit, der jeden Goldschmied der heutigen Zeit wohl tief beeindrucken musste. Dann waren die Festwachsstöcke aller Trollerbräute hinter den mehrfarbenen Butzenscheiben zu sehen, mit wundervoll geformten Heiligenfiguren darauf. Nur einmal hatten sie gebrannt, vor dem Altar, nachdem der Schwur getan war fürs Leben.

Sebastian Troller erinnerte sich, wie Eva diese Schätze bewundert hatte. Wenn sie auch nicht ganz begriffen hatte, welche tiefen Bindungen die Lebenden auf dem Bauernland zu diesen toten Zeugen lebendiger Vergangenheit hatten, so sah er doch, dass sie tief beeindruckt war von dem, was ihr die Großmutter wies. Dunkel empfindend, dass sie, ein Kind der Stadt, gegenüber dieser alten Frau wie eine Pflanze ohne Wurzelstock war, überkam sie eine Art ehrfürchtiger Dankbarkeit, dass sie nun in diese Gemeinschaft aufgenommen werden sollte, und sie streckte der Großmutter die Hand hin und sagte mit aufrichtiger Empfindung:

»Oma, so was Schönes habe ich noch nie gesehen.«

So weit kannte er seine Großmutter, um zu wissen, dass Eva mit diesen Worten das Herz der Alten erobert hatte. Und dennoch hatte sie ihm später, als sie allein waren, von der Heirat abgeraten. Eva sei ein nettes Mädchen, aber eine richtige Bäuerin würde sie nie werden.

»An was denkst du?«, fragte Eva und blieb stehen.

»Ich hab dich eben wieder vor mir gesehen, wie du zum ersten Mal durchs Haus gegangen bist und durch die Ställe. Wie du die Lämmchen nicht mehr aus den Armen gelassen hast, und wie ich mich gefreut hab darüber. Es war mir schon klar, dass ich ein Risiko einging mit dir« – er beugte sich dabei nieder und drückte ihren Kopf an seine Brust –, »aber ich hab's noch nicht bereut.«

»Und du wirst es auch nicht bereuen«, lachte da die junge Frau, und sie kehrten um zum Hof.

Die Leute am Rauchenberg können sich nicht erinnern, dass je zuvor die Hirschbrunft mit solcher Wucht eingesetzt hätte.

Über die erste kalte Reifnacht hinweg schrien die Berghirsche. Von allen Höhen überm Flussbett der oberen Isar war das Liebeswerben der großen Geweihträger herübergeflammt wie eine Lohe. Orgler auf Orgler brach durch die klare Luft hernieder ins Tal, und nicht nur die Männer aus dem Jägerdorf an der Grenze hatten ihre große Zeit, auch die alten und jungen Bauernjäger übten ihr Jagdrecht aus und waren unterwegs mit Büchse, Hund und Fernglas.

Sebastian Troller allerdings wusste nichts Schöneres, als einen Platzhirsch mit seinem Rudel zu belauschen anstatt auf ihn zu schießen, ganz nah an ihn heranzukommen und zu sehen, wie die Brunft ihn umtrieb und ihn gänzlich verwandelte. Sommers über war der Herr der Berge ein stolzer Einzelgänger, kaum einmal zu erspähen, so man nicht Glück hatte. Scheu und vorsichtig bewegte er sich tagsüber im sicheren Unterholz, nie gesellte er sich zum Frauenvolk, es war, als sei er aus dem Revier ausgezogen.

Nun aber beherrschte er auf freier Höhe seinen Standplatz, umwarb seine brunftigen Kühe im Rudel, und wehe dem gleich starken oder auch schwächeren jungen Rivalen, der sich seinem Harem zu nähern wagte. Immer wieder ging Sebastian Troller, dem Jäger ohne Büchse, das Herz auf, wenn er sah, wie sich der Platzhirsch, der Stärkste seiner Art im Umkreis, flammend vor Empörung in den Kampf stürzte.

Ja, es gab Kämpfe, nah dem Rauchenbergkopf oft die erbittertsten. Er war schon Zeuge gewesen, dass zwei Rivalen über eine Stunde in unentwegtem Kampf lagen, dass die Geweihstangen und Sprossen aufeinander prallten und sogar die Splitter flogen.

Meist zog sich der Unterlegene nach solchen Kämpfen zurück und versuchte einigermaßen aufrecht das schützende Unterholz zu erreichen. Der Sieger aber, oft aus mehreren Wunden blutend, schickte seine Siegesfanfare hinter ihm drein. Und weil die Natur es in sie so hineingelegt hat, dass sie dem Stärksten gefügig sein sollen, scharte sich das Rudel um den Kämpfer, um Leben von seinem Leben zu empfangen und weiterzutragen.

Sebastian war jetzt viel unterwegs. Heu lag unter dem weiten Stadeldach, das Vieh stand satt und wohlgenährt in den Ställen, Ursula schichtete einen Berg Scheitholz unter das Vordach, und die junge Bäuerin kochte Mus von den Spätzwetschgen und füllte es in die schweren irdenen Krüge.

Da konnte er ruhigen Gewissens durch seinen Wald gehen und an frühere Pirschen zurückdenken, wo noch Rex, der Jagdhund, neben ihm herlief, lautlos und treu wie ein Schatten. Seine Liebe zu dem Hund war so groß gewesen, dass er sich am Sterbelager des Rex schwor, ihm keinen Nachfolger zu geben. Wenn er ein Dichter gewesen wäre, so würde er in den Wintermonaten ein Buch über ihn schreiben, über seine immer währende Bereitschaft, sein unglaublich feines Empfinden für die kleinste freudige oder schmerzliche Regung, die in seinem Herrn vorging. Auch wenn kein äußeres Zeichen seine innere Unruhe verriet, die großen, fragenden Augen seines Rex ließen nicht von ihm ab. Immer wieder stieß er ihm forschend die Schnauze in die Handfläche, und erst wenn er ihn auf den Arm nahm und ihm sagte, dass alles in Ordnung sei, jaulte er freudig auf.

Nicht der einfühlsamste Mensch konnte besser in seinem Inneren Bescheid wissen als sein Rex. Er war seine erste Liebe gewesen, mehr noch als Gerdi und Lisa, die Stuten. Nun ging er schon drei Jahre ohne ihn durch den Wald, aber immer noch war es ihm, als schwänzle der Hund neben ihm her. Die Großmutter sagte einmal, noch nie sei der Sperberhof ohne Wachhund gewesen, aber auch sie habe den Rex gern gehabt, sie könne Sebastians Treue zu ihm verstehen.

Die alte Frau konnte stundenlang auf dem altersdunklen Balkon des Hauses stehen und hineinlauschen in die Tiefe der Wälder diesseits und jenseits des Flusses, und wenn eine besonders starke Stimme alle anderen übertönte, dann reckte sie sich, und ihre Augen blitzten.

Sebastian hatte seine Großmutter einmal so stehen gesehen im Licht der Schlafkammerlampe, das durch die Scheiben fiel. Spät war's bereits gewesen, der Wind kam kalt aus dem Norden, aber die Alte wich nicht. Ihm kam der Gedanke, dass sie vor urdenklichen Zeiten schon gelebt hatte, wo alles rings noch Natur war und nur der Harte und Wehrhafte überleben konnte.

Es musste für sie in der stärksten Stimme von allen, die herunterbrachen von den Höhen ringsum, etwas Dunkel-Vertrautes, etwas vor undenklichen Zeiten Erlebtes liegen, eine Stimme, ein Klang, der sie zurückriss mit ungeheurer Gewalt. So sehr war sie in allem Naturhaften verwurzelt, dass es ihm eine Beruhigung war, wenn sie in den Stall kam und einer schwer kalbenden Kuh oder einer erstgebärenden Kalbin die Hand auflegte. Das Tier wurde ruhiger, seine angstgeweiteten Augen schlossen sich, und der Gebärvorgang verlief ohne Schwierigkeiten. Wenn eine Stute zum Füllen kam, schob die Alte dem werdenden Muttertier einen Knödel aus Butter mit dreizehn heilsamen Kräutern ins Maul, und noch nie hatten sie mit einem Fohlen Unglück gehabt.

Sogar jetzt, wo er bedächtigen Schrittes bergan ging, um zum Brunftplatz zu kommen, begleitete ihn der Gedanke an die Großmutter viel stärker, als es je der an seine Mutter tat. Die Altbäuerin war eine stille, friedfertige Frau gewesen, die sich glücklicherweise der starken und zielsicheren Schwiegermutter vom ersten Tag an untergeordnet hatte, weil sie bald erkannte, dass dies zum Frieden und zum Gedeih des Hofes nötig war. Sie sah auch, dass hinter der scheinbaren Härte der Großmutter ein Herz schlug voll Rechtschaffenheit, Uneigennützigkeit und helfender Güte. So kam es, dass beide Frauen aneinander hingen und keine die andere missen mochte und trotz der verschiedenen Wesensarten ein starkes Band zwischen ihnen bestand.

Ein ohrenbetäubendes Röhren riss ihn aus seinem Sinnieren. Es musste der Vierzehnender sein, den er schon zweimal auf der ›Nassen Blöße‹ beobachtet hatte. Damals war er noch ein stolzer Einsiedler gewesen, ein freier König seiner Art, von keinem Feind bedroht, es sei denn vom Menschen.

Nun aber war er ein Höriger und Sklave geworden seiner Natur. Wehlaute stieß er in die kalte Luft, dass sein Atem wie eine Wolke um ihn stand. Er, der Unnahbare, brüllte und buhlte um ein brunftiges Alttier oder ein heißes Kalb.

Wie doch die Triebe des Daseins die Geschöpfe beherrschten. Eingehüllt in seinen warmen Umhang, saß der Sperberhofer auf seinem Baumstumpf und beobachtete das Werben des Mächtigen aus nächster Nähe, sah, wie das Rudel immer wieder gewandt auswich, weil die Kühe noch nicht ganz bereit waren zur Hingabe. Es wäre ihm unmöglich gewesen, den Hirsch einfach abzuknallen. Er war sich bewusst, dass er schon deshalb bei seinen Jagdgenossen als Sonderling verschrien war, aber das war ihm gleichgültig. Er wusste, auch seine Heirat mit der Städterin wurde ihm übel genommen. Es waren nicht wenige, die gern Bäuerin geworden wären auf dem Sperberhof. Aber es hatte ihn eben nie vorher so gepackt bis zur Stunde, da Evas seltsam eindringliche Augen auf seinem Gesicht geruht hatten. Und nun ging diese, seine Eva, mit einem Kind, nun wurde alles gut.

Sebastian Troller blieb auf seinem Beobachtungsposten, bis die Dämmerung jede Sicht verschlang. Dann erst stand er auf, verließ lautlos seinen Posten und stieg bergab.

Daheim kam zur selben Stunde Ursula aus dem Stall in die Küche, sah, wie die Bäuerin die Ton- und Steintöpfe mit Pergament zuband und mit einem zufriedenen Seufzer meinte:

»Heut reicht's mir aber! Der Großmutter und der Mutter kannst ihren Vorrat gleich hinübertragen.«

Ursula nickte. Auch sie war müde, sie hatte eine riesige Wand voll Scheitholz geschichtet, dann hatten zwei eigensinnige Kälber in den Boxen nicht saugen wollen. Beim Ausmisten war sie auch allein gewesen, dazu hatte die Melkmaschine wieder einmal gestreikt. Aber sie gönnte Bastian, wie sie ihn immer noch heimlich nannte, die Freude draußen im Wald, auch wenn es auf ihre Kosten ging.

Ursula war als Ziehkind einer Tante nach deren Tod auf den Sperberhof gekommen, war mit dem gleichaltrigen Hofsohn aufgewachsen und liebte ihn seit langem, heimlich und verschwiegen. Vielleicht hätte er das aus ihren Augen lesen können, wenn er einen Blick dafür gehabt hätte. Aber den hatte er nicht gehabt. Und weiter hatte nichts verraten, wie es um sie stand.

So kam es, dass mancher, vor Jahren schon, Ursula gern geholt hätte auf seinen Hof, jeder wusste, welch unermüdliche und fleißige Wirtschafterin der Sperberhof an der Ursula hatte. Sei es im Wald bei der Holzarbeit oder im Stall und im Haus, überall setzte sie sich mit aller Kraft ein und schaute dabei nicht auf die Uhr

»Ursula«, sagte Eva, »ich geh in mein Zimmer und lese noch ein bisschen im Bett. Wer weiß, wann der Bauer heimkommt. Weißt ja, der ist ganz brunftnarrisch.«

Ursula nickte. Eigentlich hatte sie dasselbe vorgehabt, heute war sie wirklich müde! Aber sie war von der alten Art und wusste, dass der Bäuerin das Vorrecht gebührte, zu tun und zu lassen, was sie für richtig hielt. Also blieb sie auf und wartete auf den Bauern.

Wind war aufgekommen, und die alte Hofbuche an der Nordseite des Hofes ächzte und stöhnte. Ursula holte die Filzpantoffeln aus der Ofenbankecke, stellte sie auf das warme Ofenbord und rückte den Topf mit Schinkennudeln und Kraut etwas mehr in die Mitte der Herdplatte, Sebastian hatte es gern, wenn die Nudeln gelbe Krusten bekamen. Dann holte sie eine Flasche Holundersaft aus der Speisekammer, sie hatte ihn gestern husten hören. Dagegen gab es nichts Besseres als Holundersaft, heiß gemacht, mit Honig gesüßt und einem Schuss Obstschnaps darin. Als sie so ganz allein in Küche und Stube hantierte und auf Sebastian wartete – auch das Nebengebäude war schon dunkel – überkam sie ein seltsames Glücksgefühl. Ganz am Rande stand der Gedanke, dass es auch nicht anders sein könnte, wenn sie seine Bäuerin wäre. Nur, dass sie nachher nicht in ihre kleine Einzimmerwohnung im Hof gehen müsste, sondern in das gemeinsame Schlafzimmer der Eheleute – ja, es war doch anders, ganz anders!

Den Gedanken weiter auszuspinnen, was anders sein würde, verbot sie sich, wie sie sich das immer verboten hatte, sooft er sich einschleichen wollte. Sie wusste, dass Bastian eine Schönheit geheiratet hatte, und schön war sie nicht. Zu breit waren die Hüften, mit groben Knochen, zu burschikos ihre Bewegungen, und das Gesicht hatte nicht die Feinheit und den Liebreiz der Eva. Auch hatte Sebastian sie immer angesehen wie eine Schwester. Nie hatte er den Hofsohn herausgekehrt, auch nicht, wenn es einmal Meinungsverschiedenheiten gegeben hatte. Sebastian war immer ein stiller Junge gewesen, nicht dumm im Lernen, aber arm an Worten. Meistens hatte man ihn bei der Großmutter angetroffen, bei der war er lieber gewesen als bei seiner Mutter.

Von der alten Kastenuhr schlug es halb acht. Nun musste er bald kommen. Bauern, die früh aus den Federn müssen, gehen zeitig schlafen. Morgens um fünf begann die Arbeit im Stall. Der Dung von fünfunddreißig Stück Rindvieh und zwei Pferden musste ausgeräumt werden. Das Melken war Sache der Ursula. Die Milch musste pünktlich um sieben Uhr am Abholplatz an der Straße stehen. In den zwanzig Jahren, die Ursula auf dem Hof war, hatte die Milch noch nie gefehlt.

So verwachsen war sie mit dem Hof, dass der Gedanke, sie könnte eines Tages fortziehen, ihr im Ernst noch nie gekommen war. Ihr war, als gehöre sie hierher, als sei sie hier daheim. Eine wirkliche Heimat hatte sie früher nicht gehabt. Die Tante, bei der sie untergebracht worden war, war eine zänkische Person gewesen, unzufrieden mit sich und der Welt. Da hatte sich die friedliebende Ursula bei der Altbäuerin und der Großmutter wohler gefühlt.

Da hörte sie Schritte, und in ihre gebräunten Wangen schoss eine feine Röte. Der Bauer trat ein und fragte als Erstes nach der Bäuerin. Als sie ihm sagte, sie sei schon ins Bett gegangen, sah er seiner Haushälterin voll ins Gesicht und dachte unwillkürlich: ›Wenn Ursula so rot anläuft unter dem dicken, braunen Zopfkranz, ist sie richtig hübsch.‹

Aber Ursula war schon dabei, die duftenden Schinkennudeln appetitlich auf den Teller zu schichten, eine Schüssel Sauerkraut mit goldgelben Zwiebelringen stellte sie daneben, dazu den Mostkrug mit selbstgekeltertem Birnmost, und dann wünschte sie heiter: »Lass dir's schmecken, Bauer!«

›Bauer‹ sagte die Haushälterin seit dem Tag, da dem Sebastian der Hof übergeben worden war. Obwohl Ursula und Bastian miteinander aufgewachsen waren wie Bruder und Schwester, bestand die Bäuerin darauf, weil alles seine Ordnung haben musste auf der Welt. So sagte Ursula eben ›Bauer‹, am Verhältnis zueinander änderte sich nichts, jedenfalls äußerlich. Nur das änderte sich, dass Ursula, wenn sie in seiner Nähe zu tun hatte, Herzklopfen bekam und manchmal nachts in ihr Kopfkissen weinte. Aber davon merkte niemand etwas.

Ursula setzte sich auf die Ofenbank mit ihrem Strickzeug und sah zu, wie es dem Bauern schmeckte. Das breite Licht der Deckenlampe fiel über sie und sprühte Funken aus ihrem dunklen Haar. So zu sitzen, in der weiten holzgetäfelten Stube, durchwärmt vom alten Kachelofen, in dem die Holzscheite knackten, und draußen der harte Oktoberwind, da merkte man erst, was man an einem solchen Zuhause hatte.

Am Tage, als Sebastian die goldhaarige Eva ins Haus gebracht hatte, war ihr das Herz stillgestanden, aber nur einen Augenblick. Sie sah, wie schön seine Zukünftige war, und sie malte sich bereits die Kinder der beiden aus, die über den Hofanger springen und in gewisser Hinsicht auch ihr ein bisschen gehören würden. Ehrlich und ohne böse Hintergedanken hatte sie der Fremden die Hand zum Gruß zu geben vermocht.

Sebastian Troller betrachtete die Strickerin, wie er sie vielleicht noch nie vorher betrachtet hatte. Und der Gedanke setzte sich in ihm fest, dass es unrecht sei, das junge Leben der Haushälterin festzuhalten auf dem Sperberhof. Sie saß da, blühend vor Gesundheit, das Bild einer Frau. Irgendwie gehemmt stieß er die Frage heraus:

»Ursula, wir zwei haben in einem Monat Geburtstag. Denkst du nie ans Heiraten? Mit Dreiunddreißig wird es doch langsam Zeit.«

Ursula war unter ihrer Bräune blass geworden. Ihre Hände mit dem Strickzeug sanken in ihren Schoß. Von dieser Frage aus seinem Mund hatte sie Närrin einmal geträumt vor vielen Jahren. Nun kam sie wie aus heiterem Himmel und tat weh. Und darum sagte sie mit einer ganz fremd wirkenden Stimme: »Bauer, lasse ich mir was zuschulden kommen? Bist du nicht zufrieden mit mir?«

Der Mann schaute sie in grenzenloser Verwunderung an. Dass sie seine Frage so auslegte, war ihm unfassbar. Er lachte verlegen und schob den Teller zurück. Dann stand er vom Tisch auf, ging auf sie zu und fasste sie bei beiden Schultern.

»Ursula, du verstehst mich falsch. Wer könnte nicht zufrieden sein mit dir! Aber wie ich dich jetzt so sitzen sah, so gesund und in voller Blüte der Jahre, hab ich gedacht, dass es doch ein Jammer ist, dass du keine Kinder hast. Es ist doch schon mancher auf den Sperberhof gekommen deinetwegen. Der Hutter Stefan von Schlegldorf zum Beispiel, oder der Haumeister Hans am Faller Forstamt, beides Männer, die ein Mädchen wie du wohl anerkennen könnte. So meine ich wenigstens.«

Ursula sah vor sich hin und sagte kein Wort. Die alte Kastenuhr schlug die achte Stunde, im Ofen zersprang ein Kloben, es hörte sich fröhlich an. Draußen riss der Sturm an den Fensterläden.

Plötzlich blickte Ursula auf, sah Sebastian ins Gesicht und fragte ernst: »Und wenn es so wäre, dass ich einen haben möchte, der mich aber nicht will und auch nicht nehmen kann, weil er schon verheiratet ist, was dann?«

Sebastian nickte, nun begriff er. Aber dass diese Worte etwas mit ihm selbst zu tun haben könnten, auf die Idee kam er nicht. Stattdessen zerbrach er sich den Kopf, wer der wohl sein könnte, für den sie ihr junges Leben versäumte. Es kam ihm keiner in den Sinn, wie sehr er sich auch bemühte. Und fragen wollte er nicht.

Er ging noch einmal vors Haus, ob er durch Wetter und Sturm die Hirsche schreien höre, und er sah, dass die Großmutter groß und aufrecht auf dem Balkon des Nebengebäudes stand und mit hocherhobenem Gesicht in die Nacht hinauslauschte.

5

An einem Tag, da der Frühling auch im Kalender mit Heia Hussa übers Karwendel hereinbrach, als alle Dächer tropften und Fichten und Tannen ihre Arme streckten, als atmeten sie tief und lang, an so einem Tag kam das erste Kind von Bastian und der Eva zur Welt.

Die Großmutter bestand darauf, dass man die Oswald-Hebamme aus Lenggries holte, sie hatte schon Sebastian zur Welt gebracht und seinen Zwillingsbruder, und das war eine harte Geburt gewesen. Keine andere wollte sie auf dem Hof als die Oswaldin. Die Geburt dauerte einen Tag und eine Nacht, und Sebastian schlich durchs Haus wie ein geprügelter Hund. Ursula, die es mit den Augen der heimlichen Liebenden sah, schenkte ihm immer wieder vom Schlehenschnaps ein, der im Wandschrank stand. Sie selber schickte ihre Stoßgebete hinauf zum Herrgottswinkel, voll kindlichen Glaubens.

Endlich sah sie die Großmutter die Stiege herunterkommen, aber ihr war, als sei ihr hünenhafter Leib kleiner geworden, als sei sie zusammengesunken. Eiskalte Hände umklammerten ihr Herz, aber sie ging der alten Frau entgegen und griff nach ihrer Hand: »Oma – was ist?«

»Ein Mädchen, Ursula. Ein Mädchen!«

»O Gott Lob und Dank! Du wirst es dem Bauern selber sagen wollen.«

»Ja, das will ich«, sagte die Großmutter und reckte sich zur alten Höhe empor.

Sebastian stand unterm Türstock und hatte beide Arme ausgestreckt, als bedürfe er einer Stütze. Da sah er die Alte auf sich zukommen, aufrecht, mit weit offenen stahlgrauen Augen, die ihn fast streng musterten.

»Eine Tochter hast du, Bastian! Aber bevor du das Kind anschaust, sollst du wissen, dass das Mädchen einen Buckel hat – es ist verkrüppelt.«

Sebastian lehnte sich an den Türstock und schloss die Augen. Die Großmutter betrachtete ihren Enkel, und man sah, dass sich ihre Mundwinkel bitter zusammenzogen. Sie hörte ihn stöhnen:

»Ein Krüppel – das arme Kind!«

»Das kann jetzt noch keiner sagen«, warf die Großmutter ein, »es kann ein Sonnenschein werden für den Sperberhof. Und wir werden es deswegen nicht weniger lieben. Schau nur die Ursula an – die heult, aber sie heult vor Glück. Stimmt's, Ursula? Und jetzt geh ins Schlafzimmer zu deiner Eva, sie ist tapfer gewesen. Das war eine der schwierigsten Geburten, die ich je erlebt habe. Und wer weiß, ob ein Arzt das Kind hätte drehen können wie die Oswaldin. Die kriegt von mir noch eine besondere Zugabe.«

Als Sebastian in das Zimmer trat, schaute die Wöchnerin ihm lächelnd entgegen. Sie hatte das Kind neben sich liegen. Ihr Haar war dunkel von

Schweiß. Der Bauer strich ihr ganz zart darüber und sagte demütig:

»Vergelt es dir Gott, Eva!«

Dann beugte er sich über das Kissen und sah das Köpfchen seines Kindes, und ihm war, als hätte er so etwas Feines und Schönes nie vorher gesehen. Und wie um das Wunder voll zu machen, öffnete das Neugeborene die Augen und schaute in die Welt, ohne sie noch zu erkennen. Eine Flut von Liebe und Glück überkam Bastian beim Anblick seines Kindes, dass er hätte weinen können. Es war, als ob das erste Schrecknis wegen der Verkrüppelung weggewischt wäre, einfach nicht vorhanden. Und die Hebamme, die viel mitbekommen hatte an menschlichem Leid und menschlichem Glück auf ihrem langen Weg, war zufrieden, weil sie noch kein strahlenderes Vatergesicht gesehen hatte als das des Sperberhofbauern.

Weil die Altbäuerin wieder einmal bettlägerig war, übernahm die Großmutter die schwere Aufgabe, der jungen Mutter die Verkrüppelung zu sagen, bevor sie es selber herausfand. Es wäre eigentlich Sache des Mannes gewesen, aber die Alte kannte die Männer und wusste, wie gern sich jeder drückte vor einer solchen Verpflichtung und wie schwer es Sebastian fallen würde.

So trug sie einen tiefen Teller voll goldgelber Hühnersuppe mit Eiernocken in das Schlafzimmer hinauf, sagte der bereits wieder rosigen Wöchnerin, wie gut sie aussehe und wiegte dabei das Kleine im Arm.

»Ein hübsches Kind, wie das Christkind in der Wiege«, sagte sie glücklich. »Und mit dem kleinen Buckel werden wir auch fertig werden.«

Eva Troller fiel der Löffel aus der Hand, so erschrak sie. Mit ihren seltsam grünblauen Augen starrte sie die Großmutter an wie eine Erscheinung.

»Was – was hast du da gesagt? Einen Buckel? Mein Kind?«

Von jäher Aufwallung emporgerissen, schleuderte sie die Bettdecke von sich, sprang auf die Füße und riss der alten Frau das Tagkissen aus den Armen. Mit fliegenden Händen wickelte sie das Kind auf und fing an zu schreien wie eine Besessene: »Ein Krüppel! Wir haben einen Krüppel! Nein – nein, das will ich nicht! Das darf nicht sein!«

Dann fiel sie sichtlich in sich zusammen, setzte sich auf die Bettkante und stierte düster vor sich hin.

Die Alte drückte das Kind an sich, wie um es zu schützen. »Es ist dein Kind, Eva, und wir lieben es alle, mit oder ohne Buckel. Und vielleicht finden wir einen Arzt, der helfen kann.«

»Wir werden keinen finden, der da helfen kann. Ein angeborener Buckel, da gibt es keine Hilfe«, erwiderte Eva düster.

»Und wenn's keine gäbe – das Mädchen soll aufwachsen und lachen können wie jedes andere Kind, dafür werden wir sorgen. Wir alle miteinander. Sobald du wieder auf den Beinen bist, bringen wir das Mädchen nach München zum besten Arzt, den sie dort haben.«

Eva antwortete nicht mehr. Etwas Feindseliges hatte ihr Gesicht überzogen. Sie hatte sich von der Großmutter und dem Kind abgewandt und tat, als ob sie schliefe. Die Alte ging mit schweren Sorgen die Treppe hinab.

6

Fünf Jahre waren seitdem vergangen. Der Frühling war wieder angebrochen mit brausender Kraft, auf den Balkonen des Sperberhofes blühten Geranien, Fuchsien und Goldpantöffelchen zu Tausenden, und vor dem Blumengarten blieben die Feriengäste immer wieder vor lauter Bewunderung stehen. Vom Nebengebäude herüber kam die Hünengestalt der Großmutter, die jetzt auch Urgroßmutter war, sie musste sich etwas kleiner machen, damit sie das Händchen des Kindes erreichte, das sie führte.

Ein hübsches Kind, wirklich, das Seltsame an ihm war nur, dass das Köpfchen allzunah zwischen den Schultern saß, als sei der Hals vergessen worden.

Mit Einwilligung Evas hatten Sebastian und sie das Kind in die Stadt gebracht in die berühmteste Klinik für solche Fälle. Nie würde sie vergessen, wie hart es gewesen war, das Kind fremden Menschen zu überlassen. Der Chefarzt, der das Mädchen selbst untersuchte, sagte ihnen offen die Wahrheit. Entfernen könne man diese Missbildung nicht, im günstigsten Fall mildern.

Am liebsten hätte sie das Kind gleich wieder mitgenommen. Aber Sebastian entschied, dass es in Behandlung kommen sollte. So fuhren sie ohne das Kind wieder heim.

Monate vergingen. Einmal in der Woche fuhr Sebastian zu seinem Kind, die Mutter konnte sich nicht entschließen, es zu sehen. Es war, als ob sie sich ihres Kindes schämte. Als Sebastian wieder einmal heimkam von München, bedrückter als je, entschloss sich die Großmutter, selber in die Stadt zu fahren und nach dem Rechten zu sehen. Der Entschluss kam urplötzlich, um halb sechs Uhr morgens stand sie sonntäglich angezogen vor dem Bett ihrer Schwiegertochter Regina und erklärte ihr, dass sie jetzt nach dem Kind sehen müsse. So ginge es nicht weiter.

Was sie in der Klinik sah, erfüllte sie mit Zorn. Die Maria, so hatten sie das Kind getauft, lag in ihrem Kissen wie ein Leidensbild. Die Beinchen und Ärmchen waren ganz abgemagert, blaue Ringe zeigten sich unter den Augen, und zwischen den Beinchen war sie vollkommen wund. Als die Großmutter die Krankenschwester darauf ansprach, erklärte diese schnippisch, bei ihnen würden die Kinder zu bestimmten Stunden trockengelegt. Es komme schon vor, dass hin und wieder eines dabei wund werde.

Das war der alten Großmutter zu viel, sie rief beim Sperberhof an und bat Sebastian, mit dem Wagen zu kommen.

Der Buckel, den das Kind mit auf die Welt gebracht hatte, war um nichts geringer geworden, der Arzt, mit dem Sebastian noch redete, sagte, das könne noch Jahre der Behandlung erfordern, und auch dann könne man keine Garantie geben, dass alles gut werde.

Da nahmen Sebastian Troller und seine Großmutter das Kind mit heim. Wochenlanger ständiger Bemühung bedurfte es, um das Kind wieder ein wenig zu Gewicht zu bringen.

All das aber war zu ertragen gewesen. Der Sperberhof hatte schon Schwereres ertragen müssen und war nicht daran zerbrochen. Unerträglich wurde nur, dass Eva seit der Geburt des Kindes wie verwandelt war. Man sah sie nicht anders als mit finsterem Gesicht durchs Haus gehen, selten einmal, dass sie mit dem Bauern redete. Das Kind überließ sie der Fürsorge der Ursula, sie kümmerte sich nicht darum. Als die Großmutter bat, das Kind mit ins Nebengebäude hinüber nehmen zu dürfen, wurde Eva fast feindselig. Wenn man sie brauche, werde man sie schon holen. Das Kind bleibe auf dem Hof. Da musste die alte Frau wieder gehen, wie schwer es ihr auch fiel.

Lange, allzu lange sah der Bauer dem zu, ohne einzugreifen. Er wurde Zeuge, wie Eva das Kind weinen ließ, wie es warten musste, bis Ursula aus dem Stall kam und ihm zu essen gab. Auch die nassen Windeln übersah sie. Es war, als ob das Kind nicht ihr, sondern Ursula gehöre.

Oft stand er dabei, wenn Maria gebadet wurde, wenn Ursula mit strahlendem Gesicht das Kind zum Lachen brachte, während seine Frau sich woanders zu schaffen machte. Wohl waren die Ärmchen und Beinchen des Kindes noch dünn, aber das Gesicht wurde langsam fülliger, man konnte sich nicht satt daran sehen. Hin und wieder kam die Großmutter um die Badezeit in die Küche, manchmal auch seine Mutter, und er beobachtete, wie die Gesichter der beiden alten Frauen zu strahlen begannen, und ihm war, als sähen die beiden den Höcker nicht, der zwischen den Schultern gewachsen war. Er selber sah ihn wohl. Aber die Liebe zu seinem Kind war eine Kraft, an der alles abprallen musste.

Die Liebe zu seiner Frau, die ihn überfallen hatte wie ein Maigewitter, fing an zu kranken, sie war kein Glück mehr, das vom Himmel fiel, wurde allmählich zur Bürde, und der Vergleich mit Ursula fiel nicht zugunsten der jungen Mutter aus. Auch fuhr sie immer öfter zum Hoftor hinaus, kam spät wieder ohne ein Wort der Erklärung oder Entschuldigung.

Maria wurde ihm zur einzigen Quell wahren Glücks. Wenn er sie auf seinen Schultern über den Hofanger trug, wenn er ihr leichtes Körperchen spürte, ihr helles Stimmlein vernahm, dann war er wunschlos glücklich. Auch seine Mutter blühte sichtlich auf, wenn das Kind auf ihren Armen zappelte, mit seinen großen, sonnigen Augen in ihrem alten Gesicht forschte und Fragen stellte. Es war über drei Jahrzehnte her, dass sie so etwas Kleines auf ihren Armen getragen hatte. Sie hatte sich viele Kinder gewünscht, aber Gott hatte es anders gewollt.

Eines Abends im Juli kam die junge Bäuerin heim von ihrer Ausfahrt, die wieder fast einen Tag lang gedauert hatte. Die Hitze des sich neigenden

Tages lag noch über den weiten, abgeernteten Feldern. Sebastian, der eben noch am Bettchen der Maria gestanden hatte, sah seine Frau in den Blumengarten gehen und einen Strauß schneiden für die Gäste, die morgen kommen sollten. Und weil sein Herz voll war vom Anblick seines Kindes, unterdrückte er seinen Ingrimm über ihr langes Ausbleiben und sagte friedfertig:

»Eva, wir könnten noch ein bisschen spazieren gehen, es ist so ein schöner Abend.«

Die Frau schaute erstaunt auf, sie hatte damit gerechnet, dass er verärgert sein würde, und hatte sich bereits auf einen Zusammenstoß gefasst gemacht. Bereit, mit ihm zu gehen, lehnte sie ihren Strauß in das Wasser des Brunnentrogs, der nahe der Rastbank fröhlich plätscherte.

Sebastian sah, dass Ursula oben auf dem Balkon stand und ihnen nachschaute. Und etwas Quälendes, eine Art schlechtes Gewissen rührte sich bei ihm, wie er dies vorher nie empfunden hatte. Aber es blieb ihm keine Zeit, dem nachzusinnen, die Frau, die neben ihm schritt, blühend und üppig, aber mit einem Gesicht, das hart geworden war in den wenigen Jahren und nichts mehr aufwies von der Lieblichkeit, die es ihm damals, als er sie zum ersten Mal getroffen hatte, innerhalb weniger Stunden angetan hatte, begann zu reden.

»Bastian, ich sag's dir lieber gleich. Nicht, dass es nachher heißt, ich sei hinterhältig. Ich bin heute beim Arzt in Lenggries gewesen, um ganz sicher zu sein. Drei Monate, sagt er, sei ich schon schwanger.«

In Sebastian brandete ein Orkan der Freude auf, des reinsten Glückes. Am liebsten hätte er die Arme hochgewofen, den blauen Himmel und seine grüne Welt umfangen als reichster und wunschlosester Mann weitum. Nun würde alles wieder gut werden. Sie würde ein gesundes Kind gebären mit geraden Gliedern, auf das sie stolz sein konnte und das sie nicht wie das andere verleugnen würde. Das Harte um ihre Augen und Mundwinkel wird verschwinden wie der Nebel über den Isarauen, wenn die Sonne durchbricht. Sie würde dieses Kind lieben, lieben wie jede natürliche Mutter ihr Kind liebte, sie wird wieder zu Hause bleiben auf dem Hof und nicht viermal in der Woche von zu Hause flüchten. Alles, alles würde gut werden!

So voll des Jubels wie in dieser Stunde war sein Herz nicht einmal gewesen, als Eva ihre erste Schwangerschaft ankündigte. Diese schaute zu ihm auf und konnte das strahlende Antlitz dieses Narren nicht begreifen. Und um ihn wieder auf die Erde zurückzubringen, stieß sie grob heraus:

»Ich will es nicht haben – mir langt das eine Kind mit einem Buckel!«

Sebastian starrte seine Frau an, als wäre sie ein Ungeheuer von unbeschreiblicher Hässlichkeit. Er machte einen Schritt auf sie zu, dass sie erschrocken zurückwich.

»Und wer sagt dir, dass auch dieses Kind verunstaltet ist? Hör auf, solchen Unsinn zu reden!«

Die Frau starrte widerborstig vor sich hin, als sie ihn plötzlich sagen hörte:

»Es ist schon schlimm genug, dass Menschen, die schon ein halbes Dutzend Kinder haben und sie kaum ernähren können, abtreiben lassen. Dass aber ein Sperberhofbauer zum Mörder an seinem Kind wird, das ist so undenkbar wie die Vorstellung, dass das Isarwasser aufwärts fließt. Sechs Kinder und mehr können auf unserm Hof satt werden ohne Not. Und du, Eva, du solltest dich schämen! Gib mir deine Hand und versprich mir, dass du so einen Gedanken nie mehr aufkommen lässt. Versprich es!«

Auf dem Heimweg redeten weder der Mann noch die Frau. Er schwieg, weil er mit Grauen wahrnahm, wie fremd, wie furchtbar fremd ihm die Frau an seiner Seite geworden war. Die Jahre der Lieblosigkeit zu Kind und Mann türmten sich schweigend auf zu einer unüberwindlichen Mauer. Er spürte, er vermochte diese Mauer nicht zu durchdringen. In den Nächten darauf lagen die Eheleute nebeneinander wie Fremde.

Es war ein Glück, dass neue Feriengäste auf den Hof kamen, das gab zusätzlich Arbeit, und für oberflächliche Beobachter schien alles in bester Ordnung zu sein. Nur der Student Robert Oberländer ließ seine Blicke aufmerksam zwischen Bauer und Bäuerin hin- und herwandern und dachte sich seinen Teil. Seine Freundin war mit ihm gekommen, sie schliefen in getrennten Zimmern. Die Bäuerin hörte Susi Altforder, in seinen Arm eingehängt, lachend zu ihm sagen: »Es ist ja nur, falls meine Eltern uns besuchen sollten. Dann sind sie beruhigt. Schließlich finanzieren sie uns ja diesen Urlaub.«

Die beiden waren fast täglich unterwegs, hinten am Sylvensteinsee oder im Karwendel, sie waren gute Kletterer. Eva wusste nicht, ob sie traurig oder erleichtert darüber sein sollte, denn der Student gefiel ihr ausnehmend gut. Dass ausgerechnet der seine Freundin bei sich hatte! Als ob ein neuer Geist der Unruhe sie umtreibe, arbeitete die Bäuerin mit harten und zornigen Bewegungen, und Ursula bekam manch böses Wort zu hören, ohne jeden Grund.

Die Großmutter mit ihren hellwachen Sinnen spürte als Erste, dass sich etwas auf dem Hof zusammenbraute. Sie erkannte es an den Blicken, die Eva dem Studenten nachschickte, wenn er vom Haus zum Autoschuppen ging, und sie ersah es aus der beinahe beleidigenden Haltung, die sie gegenüber dessen Freundin einnahm. Diese, des Geliebten sicher, machte sich nichts daraus, sondern genoss den Urlaub am Rauchenberg in vollen Zügen. Von den beiden kürzlich geworfenen Fohlen der Lisa und der Gerdi war sie kaum wegzubringen, jede freie Stunde verbrachte sie bei ihnen.

Auch Sebastian war nicht entgangen, wie aufdringlich seine Frau sich um den Studenten bemühte, wie sie ihm Blumen und Leckereien aufs Zimmer stellte und jede Gelegenheit nutzte, bei ihm zu sein. Er sah auch, dass Robert allmählich Spaß daran bekam, von der Frau des Hauses verwöhnt zu werden.

Acht Tage vor dem festgesetzten Termin reiste Susi Altforder nach München zurück, um, wie sie sagte, mit ihren Eltern noch nach Norwegen zu fahren. Der Abschied des Paares war sehr kühl und förmlich, und Sebastian sah in den Augen Evas einen offensichtlichen Triumph aufglimmen. Er horchte in sich hinein, aber da war nichts von Schmerz oder Leid zu spüren, sondern nur ein gewisser Überdruss an dem unmöglichen Benehmen seiner Frau. Er musste sich eingestehen, dass nichts mehr vorhanden war von der Liebe, wie groß und allumfassend sie auch gewesen war. Aber sie war immerhin die Mutter seiner Tochter und würde ihm jetzt vielleicht einen Sohn, den Hoferben, zur Welt bringen. So sehnte er den Tag herbei, an dem der Student abreisen musste und das peinliche Benehmen Evas ein Ende hatte.

Auf der Isarseite, zur jähen Sandreiße abfallend, stand ein Jungwald, dessen Durchforstung dringen nötig war. Bevor die Arbeit im Bienenhaus begann, wollte er wenigstens einen Teil davon schaffen. Zwei Laster Papierholz mussten geschlagen und zur Straße geschafft werden. Nichts war dem jungen Bauern lieber, als in seinem Wald zu arbeiten. Diese Arbeit hatte für ihn so viel Beglückendes, dass er für kurze Zeit vergaß, dass er ein Kind im Mutterleib hüten musste vor der eigenen Mutter.

Ihm war das Schlagen der jungen Stämme, die zu dicht nebeneinander standen, nicht Plage, sondern Lust, er liebte den starken Geruch, der vom Moosboden aufstieg. So kam es, dass das für diesen Tag geplante Waldstück früher durchforstet war als berechnet, und dass Lisa, die an diesem Tag gearbeitet hatte für zwei, ihm noch vor Abend den ersehnten Zuckerbrocken aus dem Handteller nahm. Wie zwei Kameraden zogen sie auf dem verschwiegenen Waldweg heimzu, und die ganze Herrlichkeit eines blauen Sommerabends geleitete sie. Noch war der Wald voll von Vogelstimmen, zwei Berghasen hoppelten gemächlich hinaus auf die kleine Waldwiese, auf der der uralte Ahorn stand, in dem die zänkische Marderin giftig keckerte. Einer der Hasen machte Männchen, wie um sie zu verspotten, und ihre Stimme überschlug sich vor Empörung.

Ruhig und gelassen schaute ein Reh, das zwei Kitze führte, zum halb toten Baum empor, neigte dann ihren Kopf und fing an zu äsen. Die beiden Kitze hatten noch ihre Kindertupfer und versuchten spielerisch, es der Mutter nachzutun. Die Abendsonne fiel schon seitlich herein in diese märchenhaft-schöne Welt, satt von Stille und rötlichem Leuchten.

Sebastian ließ sich von dieser Stunde verzaubern. Er fand die Kraft, alles Bedrückende zur Seite zu schieben und an sein zukünftiges Kind zu denken, das, so Gott es wollte, sein Sohn und Hoferbe sein würde.

Im Kahlschlag zur rechten Hand sah er mit einem Mal das helle Kleid seiner Frau aufleuchten und nicht weit davon die weißen Hemdsärmel des Studenten. Er war ja einiges gewöhnt, aber nun wurde er doch zornig. Was hatte sie hier im Wald zu suchen, noch dazu mit dem Kerl bei sich? Er klopfte wie entschuldigend den Hals der Lisa und schlang den Zügel um den nächsten Baumstamm. Dann ging er auf den Kahlschlag zu. Bereits beim Näherkommen hörte er das helle Lachen der Eva, das ihm einmal wie Engelsstimmen geklungen hatte.

Der Student stand ein paar Schritte von ihr entfernt, und der Bauer hörte auch ihn lachen, ein sympathisches, tiefes Männerlachen, wie er ehrlich zugeben musste.

Bald war er nahe genug, um die beiden reden zu hören. Da hörte er Robert sagen:

»Nur eins versteh ich nicht, warum hast ihn denn geheiratet, wenn der Sperberhof dir ein Gefängnis ist? Weißt du, mir macht dein Mann den Eindruck, als wüsste er, was er will. Wenn ich ehrlich sein soll, ich mag ihn.«

»Hast du Hemmungen deswegen? Oder steckt dein Mädel dahinter, dass du so zurückhaltend bist mir gegenüber? Du hast doch gesagt, ihr seid moderne Menschen, wo einer dem Anderen alle Freiheit lässt. Und du gefällst mir, Robert.«

Sebastian sah seine Frau auf den Mann zugehen, das Körbchen mit frisch gepflückten Heidelbeeren, das sie bei sich hatte, auf den Boden stellen und die Arme um den Hals des Studenten legen. Er stellte verwundert fest, dass kein Schmerz in ihm aufstieg, keine Bitterkeit, kein Zorn. Nur Trauer, abgründige und hoffnungslose Trauer erfüllte ihn, am liebsten hätte er geweint über seine verpfuschte Ehe.

Immer noch hing Eva am Hals von Robert, und dem Bauer kam es so vor, als ob der Mann mit sich einen ehrlichen Kampf kämpfte. Ihn konnte er nicht hassen, er verstand, dass es dem Studenten schwer fiel, solch ein Angebot abzuschlagen. Er wäre kein Mann gewesen, wenn es anders gewesen wäre.

Sebastian Troller trat mit energischen Schritten aus dem Walddickicht heraus auf den Kahlschlag und sagte zu den beiden, die erschocken auseinander gefahren waren:

»Eva, ich denke, du gehst jetzt heim mit mir und der Lisa. Und Sie, Herr Oberländer, sind wohl unterwegs zum Weiher wie jeden Abend, um darin zu baden?«

Der Student lief rot an. Er schämte sich vor dem einfachen Mann, der sich so beispielhaft in der Gewalt hat, obwohl er mitbekommen haben musste, zu was Robert sich beinahe von seiner goldhaarigen Gastgeberin hätte hinreißen lassen.

Er lachte verlegen und meinte: »Sie haben Recht, Herr Troller! Verdammt kalt ist das Wasser ja im Weiher, aber es macht einen um zehn Jahre jünger.« Dann wandte er sich ab und ging hangabwärts der Isar zu.

Lisa begrüßte ihren Herrn mit fröhlichem Wiehern. Die Frau, die schweigsam hinter ihm dreinlief, beachtete sie kaum.

Eva Trollers Gedanken jagten wie gehetzt im Kreis. Ob Sebastian wohl schon lange unter den Bäumen gestanden und sie beobachtet hatte? Trotz kam in ihr hoch und der feste Entschluss, den Sperberhof zu verlassen, sich des Kindes zu entledigen und nach München zurückzukehren. Sie konnte die ewigen schwarzen Waldmauern, die Stille unter dem blauen Himmel nicht mehr ertragen. Wenn von ganz weit hinten, von der Faller Straße, eine Hupe ertönte, so klang ihr das wie ein Lockruf.

Anderntags holte der Student seinen Wagen aus dem Schuppen, lud seine Koffer ein, trat auf den Sperberhofer zu und streckte ihm mit überzeugender Herzlichkeit die Hand entgegen. Sebastian Troller nahm sie, umschloss mit seiner schweren Arbeitshand die feinere und schmälere des Jüngeren und wünschte ihm alles Gute für sein Studium. Das Kapitel Robert Oberländer und Eva Troller war abgeschlossen in dem Augenblick, da das Auto aus dem Hoftor fuhr, so viel war ihm klar. Er hielt den Studenten nicht für einen Lumpen.

Seine Frau ließ sich nicht blicken. Und der Mann dachte, dass sie sicherlich Gelegenheit gefunden hatte, sich zu verabschieden ohne sein Beisein. Bevor er ins Haus ging, warf er einen Blick zum Nebengebäude hinüber und sah die Großmutter am Fenster stehen mit dem Gesicht, das sie immer hatte, kurz bevor ein Unglück auf den Hof zukam. Es war dann, als ob ihr Blick in grenzenlosen Fernen verharre, sich mit Schrecken fülle und sich erst nach einiger Zeit in die Wirklichkeit zurückfinde. Es drängte ihn, zu ihr zu gehen und seinen Arm um sie zu legen, damit ihr das Erwachen erträglicher wurde. Da sah er aber, dass seine Mutter ans Fenster herantrat und ihre Schwiegermutter beim Namen rief, sah, wie die bald Neunzigjährige hochfuhr und in die Stube zurücktrat.

Eine eiskalte Angst um seine Maria sprang ihn an, und er hetzte ins Haus. Da stand Ursula mit strahlendem Gesicht und schwenkte das Kind, dass seine goldfarbenen Zöpfe flatterten. Seine Angst verflog sofort. Und doch beschlich ihn immer wieder die Sorge, dass dieses Kind später der Grausamkeit seiner Spielkameraden ausgesetzt sein würde. Noch war es ganz strahlendes Glück und ahnte nicht, wie gnadenlos das Schicksal mit ihm umgesprungen war, doch noch ein Jahr, dann würde es zur Schule müssen, und was dann? Er ging immer noch in regelmäßigen Abständen mit Maria zum Arzt, aber dieser konnte keine Hoffnung auf Heilung machen.

Sebastian rannte hinüber zu den Stallungen, wo er den Anteil seiner abendlichen Arbeit später als sonst beginnen konnte, und er bemerkte, wie bei seinem Eintreten Kühe und Kälber ihre Köpfe hoben und ihm entgegenblickten in einer lang ausgerichteten Reihe zu beiden Seiten des Futtergangs. Ihm war, als habe er eine große Verantwortung gegenüber all den Tieren unter seinem Dach, und der Schatten, der über seiner Ehe lag, wurde dadurch kleiner.

7

Drei Tage darauf war Vollmond. Die Großmutter ging wie seit vielen Jahren, einem unerklärlichen Zwang folgend, hoch aufgerichtet mit abwesenden Augen durch die Nacht. Die war so hell und klar, dass man das kleinste Steinchen, den winzigsten Grashalm wahrnehmen konnte. Sonst war es der Uralten immer gewesen, als umspüle sie ein wundersames, wohl tuendes Bad, solange sie durch die Lichtfülle wandelte.

Heute aber war eine seltsame Unruhe in ihr, als erreiche sie ein klangloses Rufen und Drängen von weit her. Die alte Frau verlangsamte den Schritt und legte den Kopf zurück, als würde sie lauschen. Lange stand sie so, und dann überkam sie eine Erleuchtung, eine bedingungslose Erkenntnis.

Die Großmutter erwachte, sah, wo sie sich befand, und ging eilig dorthin, wohin ihre Schritte gelenkt wurden. Nun wusste sie, wie Maria zu helfen war. Ein Unsichtbarer, Gewaltiger hatte ihr aufgetragen, was zu tun war, um den Buckel des Mädchens loszuwerden, und ihm konnte sie vertrauen. Er war der Herr der Sonne und der nächtlichen Lichter, der Schöpfer von abertausend Welten, die im Universum kreisten. Was waren dagegen alle Ärzte der Erde!

Sie ging ins Haus, um das schlafende Kind zu holen, dann zum Gatter hinaus bis zu einem Feldkreuz, das mächtig und dunkel im Mondlicht aufragte. Neben dem Kreuz war eine grob gehauene Bank, auf die sie sich setzte, das Kind schlafend auf ihrem Schoß liegend. Noch einmal überdachte sie, was ihr heute aufgetragen worden war und was getan werden musste.

Vor vielen Jahren hatte ihre Mutter von einer Jugendfreundin erzählt, die die Gabe gehabt hatte, jedes Überbein, jeden Auswuchs bei Menschen und Tieren wegzubeten. Die Freundin hatte ihr gesagt, sie sei ein Mondkind, ein Liebling der Himmelsleuchte, von der sie die Kraft zum Abbeten nehme. Es sei immer seltener, dass solche Mondkinder geboren würden. Früher sei dies viel öfter der Fall gewesen. So hatte ihre Mutter erzählt. Und heute war nun der Wille über sie gekommen, die Kraft des Mondes zu bestürmen und ihn anzuflehen, das Kind von seiner Missbildung zu befreien.

Nur dunkel konnte sie sich noch der Worte erinnern, welche die Jugendfreundin der Mutter, zum Mond gewandt, gesprochen hatte.

Die Großmutter spürte, wie ihr der Schweiß ausbrach, wie sich alle Kräfte in ihr sammelten zu einer ungeheuren und doch aus der Demut kommenden Beschwörung. Sie hob ihren Arm und hielt ihn hoch in die Lichtfülle, dem Mond mitten ins Zentrum schauend, und flehte beschwörend:

»Mond – der du bist von Gott – mach kleiner, was da gewachsen ist – nimm's fort! Im Namen des Vaters, des Sohnes und des Heiligen Geistes.«

Dann zog sie ihre Hand zurück und legte sie dem Kind auf sein Buckelchen. So verharrte sie einige Zeit reglos im geheimnisvollen silbernen Mondlicht.

Einige Zeit lang war keine Veränderung zu sehen, doch eines Tages, als Ursula Maria ins Bad setzte, merkte sie, dass der Rücken des Kindes sich verändert hatte. Es war, als ob das Köpfchen auch ein Hälschen bekommen habe, es saß nicht mehr so erschreckend tief zwischen den Schultern. Ursula traute ihren Augen nicht und rief schließlich nach dem Bauern.

»Bauer, schau dir die Maria an, ich glaube, der Buckel ist kleiner geworden!«

Der Bauer kam und sah sich den Rücken des Kindes an, erst skeptisch, dann ungläubig staunend. Es war tatsächlich wahr, womit kein Mensch, nicht einmal der Arzt mehr gerechnet hatte. Die Verkrümmung am Rücken seines Kindes hatte sich verändert, war geringer geworden.

Das musste auch seine Frau erfahren, unverzüglich sogar! Er eilte ins Schlafzimmer, wo er seine Frau vor dem Spiegel vorfand, und rief aufgeregt: »Eva, komm herunter und schau dir das an! Es ist wie ein Wunder! Der Buckel von der Maria ist kleiner geworden!«

Eva wandte sich zu ihm um, und betroffen stellte er fest, dass sie das überhaupt nicht zu berühren schien. »Und wenn schon!«, sagte sie gleichgültig. »Ganz weggehen wird er trotzdem nicht! Wie könnte ich noch ein Kind in die Welt setzen, wenn es vielleicht genauso wird wie mein erstes!«

»Was willst du damit sagen?«, fragte er, beunruhigt nicht nur durch die lieblosen Worte über Maria, die doch ein hübsches und gescheites Kind war, ob mit oder ohne Buckel, sondern auch durch die versteckte Drohung gegen das Ungeborene, das sie in sich trug.

»Dass ich kein Kind bekommen werde, das will ich damit sagen. Ich habe nachgedacht, und ich will einfach nicht, ich will keine weitere Missgeburt haben!«

Durchs offene Fenster schoss eine Hummel, auf ihrem samtenen Panzerchen schimmerte die warme Pracht des Septembertages. Es war, als ob sein Anblick den Bauern aus seiner Erstarrung reiße, als ob er erst jetzt wieder fähig sei zu denken.

»Schlag dir das aus dem Kopf, ich verbiete dir, so etwas zu sagen – denk nicht einmal daran! Du wirst es nicht abtreiben lassen, verstehst du? Es ist auch mein Kind! Du wirst das nicht tun, ich lasse es nicht zu! Und was für eine Mutter bist du überhaupt, dein eigenes Kind eine Missgeburt zu nennen?« Kreidebleich vor Zorn starrte er sie an, dann drehte er sich abrupt um und verließ das Zimmer.

Eva hörte ihren Mann die Stiege hinunterlaufen, laut und hart wie noch nie. Sie steckte flüchtig ihr goldenes Haar fest und ging ans offene Fenster. Sie sah die letzten Sommergäste zur nahen Schafweide gehen, wo die zweitgeborenen Lämmer mit ihren

Müttern spielten. Alle waren sie entzückt von diesen Lämmern, alle, ohne Ausnahme.

Auch ihr selber war es einmal so gegangen. Aber jetzt – die Einöde, die abgrundtiefe Einsamkeit ringsum, die Wälder, die unheimlichen Wälder, die bis hinauf zum Rand des Himmels reichten, bedrückten Eva mehr, als sie es sagen konnte. Jeden Tag, jede Stunde empfand sie klarer, dass sie nicht hierher gehörte, dass sie hier eine Fremde war und immer bleiben würde.

Gut, sie war materiell besser gestellt als vor ihrer Ehe, als sie eine Fabrikarbeiterin gewesen war, in der Firma angelernt, ohne Schulbildung. Der Lohn hatte knapp zum Nötigsten gereicht. Da hatte sie es als Erlösung empfunden, dass sie als Sperberhofbäuerin mit dem Geld schalten und walten konnte und nicht mit jedem Pfennig rechnen musste. Aber um in der Stadt leben zu können, wäre sie bereit gewesen, noch mehr als früher zu sparen und auf vieles zu verzichten.

Sie sah, wie die Großmutter aus dem Nebengebäude auf den Hof zukam, hoch aufgerichtet mit sicherem Schritt, und sie hörte, dass die Alte, lächelnd übers ganze Gesicht, vor sich hinredete. Das war eine Eigenheit von ihr und hatte nichts zu bedeuten. Hin und wieder hörte sie aus dem offenen Küchenfenster das helle Lachen des Kindes und das dunklere der Ursula und wunderte sich, dass es sie selbst überhaupt nicht danach verlangte, ihr Kind selbst zu baden und zu versorgen. Dass sie einen Krüppel geboren hatte, lag wie ein Makel auf ihr. Sie gestand sich ein, dass sie tatsächlich eine schlechte Mutter war, denn sie konnte ihre Abneigung kaum verbergen, wenn sie die kleine Maria sah. Kein Wunder, dass das Kind Angst vor ihr hatte. Und nun war sie wieder schwanger und ihr schauderte bei der Vorstellung, noch ein missgebildetes Kind zu bekommen.

Einen Mann wie Robert sollte ich haben, dachte sie. Sie sehnte sich nach seinem Frohsinn, nach dem Lachen seiner Augen und dem Blitzen seiner herrlichen Zähne. Alles Schöne und Vollkommene schien ihr in ihm vereinigt zu sein. Ein ganz neuer Mensch könnte sie sein, wenn sie mit ihm leben könnte, in der Stadt, wo sie hingehörte.

Langsam, wie an einer Schnur gezogen, ging sie zu Schrank und Truhe, Schubfach und Spind, öffnete sie und holte heraus, was sie mitnehmen wollte. Wie benommen legte sie es in die beiden Koffer, mit denen sie damals auf den Sperberhof gekommen war. Ihre Gedanken eilten ihr schon voraus in die Stadt, zu dem Mann, den sie aufsuchen wollte. Sie hörte Ursula mit der Kleinen die Stiege herauf kommen und fröhlich miteinander lachen. Das Kinderzimmer lag zwischen ihrem Schlafzimmer und dem der Ursula. Wenn das Kind einmal weinte bei Nacht, hörte man sofort den leisen Schritt der Haushälterin, die das Kind zu sich in ihren Raum nahm.

Was sollte sie hier noch halten? Die beiden Alten im Nebengebäude hatten ihr nichts zuleide getan, aber auch nichts zuliebe. Von ihnen konnte sie sich trennen wie von jemandem, den man nur flüchtig kannte.

Und Sebastian, ihr Mann?

Seit sie seine Augen gesehen hatte, als er drohend auf sie zugekommen war, wusste sie, dass er nicht nur gütig und hilfsbereit sein konnte, sondern dass seine Sanftmut Grenzen hatte. Er würde sie dazu zwingen, das Kind zu bekommen, ob sie wollte oder nicht, und sie würde diesem grünen Gefängnis, dem ewigen Vogelgezwitscher, der unheimlichen ewigen Stille an Wintertagen mit ihrer erstarrten Pracht und ihrem Gefunkel nicht mehr entkommen, es sei denn, sie ergriff jetzt die Flucht, sofort und ohne weiteren Aufschub. Sie erhob sich langsam, rief die Taxizentrale Lenggries an und bestellte einen Wagen.

Sebastian ging wie immer, wenn es in ihm brodelte, seinem Wald zu. Was sollte er nur tun mit seiner Frau, die so grimmig entschlossen schien, das Kind in ihrem Leib töten zu lassen? Wie konnte er sie davon überzeugen, dass das falsch war, oder wenn er sie nicht überzeugen konnte, davon abhalten? Er drang nicht mehr zu ihr vor, weil es keinerlei Verbundenheit mehr zwischen ihnen gab.

Mit großen Schritten ging Sebastian in den Abend hinein, aber der Zauber der Natur hatte heute keine Macht über ihn. Schwer und bereits von der Ahnung des kommenden Herbstes erfüllt, stieg der Geruch vom Moosboden auf, fiel ein allerletztes Abendleuchten schrag durch die Stamme.

Ein Berghase machte Männchen und schaute dem einsamen Wanderer neugierig nach, bevor er wieder in seinem Bau verschwand. Im Horstbaum, über dem tiefen Riss im Gestein, fiel eine Schar Bergdohlen ein und unterhielt sich flügelschlagend. Ganz von fernher schrillte ein Hupenton auf, er kam wohl von der Straße nach Jachenau.

Plötzlich sah der Bauer vor sich ein Mädchenbild, nicht schön und goldhaarig, aber liebenswert und freundlich. Sie war ihm vor einigen Jahren aufgefallen, als er noch nicht verheiratet gewesen war, denn immer, wenn er mit Lisa oder Gerdi ins Dorf musste und sie ihm zu Gesicht kam, war ihr das Blut in die Wangen geschossen, und ihr kurzer, fast scheuer Blick hatte nicht verbergen können, dass sie in ihn verliebt war.

Etwas wie Reue überkam ihn, dass er dieser schüchternen Mädchenliebe nicht entgegen gekommen war. Sie wäre sicher auf dem Sperberhof glücklicher als Eva gewesen, stammte sie doch selbst aus einem eher bescheidenen Anwesen, liebte die Tiere und die Bergheimat, in der sie geboren war. Er sah ein, dass es falsch gewesen war, grundfalsch, eine Frau wie Eva auf einen Einödhof inmitten der Wälder zu verpflanzen.

Die Großmutter hatte ihn gewarnt, aber er hatte ihr nicht geglaubt. Aber egal, was kommen mochte – Eva musste dieses Kind zur Welt bringen, auch wenn sie danach ihn und die Kinder verlassen würde. Dieser Entschluss machte ihn ruhiger, und der Sturm in seinem Inneren verebbte.

Als er auf seinem Weg heimzu aus dem Hochwald trat, stieg der Mond groß und feierlich hinter dem Bergrücken jenseits des Flusses empor. Das Wunderbare eines Mondaufgangs erfüllte ihn wieder von neuem mit Demut und wortloser Anbetung dessen, der all das hatte werden lassen.

Sein Hof lag breitausladend vor seinem Blick, ein kleines Reich für sich inmitten tiefer Bergwälder.

Vom Nebengebäude herüber sah er die hohe Gestalt seiner Großmutter kommen und auf die Haustür des Hofes zugehen, das geschah selten um diese Zeit. Kurz darauf flammte Licht auf im Kinderzimmer und verlöschte wieder. Sebastian Troller blieb stehen und wartete, was geschehen würde.

Da öffnete sich die Tür, schloss sich wieder lautlos, und er sah, dass die Großmutter seine Tochter Maria in den Armen trug, der Einfahrt zu, über den Hofanger hinaus, ein Stück die Zufahrtsstraße entlang bis zum Feldkreuz. Er sah, wie sie sich auf die kleine Bank daneben setzte, wie sie das Kind berührte, ihren rechten Arm hoch gegen den Himmel reckte und mitten ins Mondlicht schaute, den Arm wieder zurückzog und die Hand auf das Kind legte. Von ihren leisen Beschwörungen hörte er keinen Laut, doch ihm war klar, dass ein Zusammenhang mit dem Kleinerwerden des Buckels seines Kindes bestehen musste. Welche andere Erklärung wäre in Frage gekommen?

Mit großen Schritten eilte er die Anhöhe abwärts zu seinem Hof, sah die alte Frau gerade noch im Haus verschwinden und gleich darauf die Lichter verlöschen. Mit etwas Eile hätte er sie einholen und befragen können, aber ihm schien es besser zu warten, bis sie selbst darüber sprechen würde.

Sebastian Troller ging mit Widerstreben die Stiege hoch. Leise drückte er die Klinke nieder, das Zimmer war durchflutet vom Mondlicht. Mit einem Blick sah er, dass das Bett der Frau leer und unberührt war und ein weißer Zettel auf seiner Decke lag. Er knipste die Nachttischlampe an, setzte sich auf sein Bett und las:

»Lieber Bastian! Dass ich für immer gehe, musst du verstehen. Der Sperberhof inmitten der Wälder erdrückt mich. Du hast es gut gemeint, aber wir passen nicht zueinander. Suche mich nicht in München bei dem Studenten. Ich fahre nach Hamburg, wo ein früherer Freund von mir lebt. Ich werde mich nicht melden, du kannst mich nicht finden. Ich nehme nichts mit außer dem, was ich mitgebracht habe. Eigentlich ist ja schon eine Bäuerin auf deinem Hof. Eine bessere könntest du nie finden. Auch keine bessere Mutter für deine Kinder. Ich meine Ursula. Wenn ich dir noch etwas Gutes antun kann, so gebe ich dir den Rat: Heirate sie. Sie liebt dich schon lange, das kann ein Blinder sehen. Die beiden Alten lasse ich grüßen, sie waren immer freundlich zu mir, und dafür möchte ich ihnen danken. Das ist ein Abschied für immer. Eva.«

Sebastian Troller saß lange auf dem Rand seiner Bettstatt. Einen stumpfen Schmerz verspürte er in der Herzgegend. Nicht um den Verlust seiner Frau, es war die Angst um das ungeborene Kind, das sie in sich trug. Sie konnte doch nicht so herzlos sein, es wirklich schon im Mutterleib töten zu lassen? Er hoffte von ganzem Herzen, dass sie es zu Welt bringen und dann ihm überlassen würde.

Sein Leben zog noch mal an ihm vorbei, die Freuden und Kümmernisse, die er erlebt hatte. Jahre, in denen ungeheure Schneelasten den Wald verwüstet hatten, die Seuche, die ein Viehhändler eingeschleppt und auch die Ställe des Sperberhofes nicht verschont hatte.

Der erste Schultag, da die Mutter ihn und den Bruder an die Hand genommen und hinunter geführt hatte ins Schulhaus am Lenggrieser Friedhof. Es war ihm alles erschreckend fremd vorgekommen. Der Vater war dann bald gestorben, seine erste, heimliche Liebe zu der gleichaltrigen Brigitte endete jäh, als sie ihn vor allen Klassenkameraden als einen ›Traumichnet‹ bezeichnet hatte. Das hatte ihn tief getroffen, bei Nacht hatte er sogar heimlich ins Kopfkissen geweint. Plötzlich und überwältigend brannte sich damals die Überzeugung in ihm ein, dass alles, was mit Mädchen zu tun hatte, böse und heimtückisch war.

Die Ursula hatte er anfangs, als sie auf den Hof gekommen war, kaum beachtet. Nur der Hannes hatte mit ihr geredet und war nett zu ihr gewesen. Der habe Vaters Wesen, hatte die Mutter einmal gesagt, und die Großmutter, die dabei war, trumpfte auf: »Ja, das ist ein verflixt lustiger Hallodri!«

Vielleicht hatte seine schöne Tegernseerin den Hannes geheiratet, weil er so ein lustiger Vogel war. Er lachte heute noch gern und viel, und seine fünf Buben wären für ihn durchs Feuer gegangen. Dabei warf sein kleiner Hof so wenig ab, dass Hannes im Sommer im Staatsforst in die Holzarbeit gehen musste, da hätte mancher seine gute Laune verlieren können.

Vielleicht hatte Ursula zuallererst den Bruder geliebt und hatte diese Liebe auf ihn übertragen – wenn es wirklich stimmte, was Eva geschrieben hatte. Immerhin, Ursula hatte einige respektable Männer abgewiesen, die um sie geworben hatten. Und hatte sie ihm nicht selbst gesagt, sie wolle einen, der sie nicht haben wollte und verheiratet sei?

Wie vieles wäre anders auf dem Sperberhof gekommen, wenn er Ursula mehr Beachtung geschenkt hätte. Aber es hatte wohl alles so sein müssen. Die Großmutter sagte immer, in den Sternen liege das Schicksal jedes Menschen. Und nun war es wohl zu spät. Selbst wenn er Eva finden würde in der Stadt im Norden, ein Sperberhofbauer hatte sich noch nie scheiden lassen, so lange der Hof bestand. Er und seine Großmutter waren sich darüber einig, dass auch er das nicht tun würde. Oft hockte er bei ihr an weißen Wintertagen, wenn sie strickte, und sie unterhielten sich über alles, was sich tat auf der Welt. Dann konnte es sein, dass seiner Mutter ein kaum merkliches Lächeln übers Gesicht huschte, als stünde sie über alledem.

Mitten in seine Gedanken hinein hörte er den Schritt Ursulas. Sie war in Marias Zimmer nebenan, und er hörte sie leise sagen:

»Maria, jetzt beten wir noch zur Nacht.«

Sebastian konnte sich vorstellen, wie sie jetzt die Händchen des Kindes faltete, wie ihr gutes Gesicht die Maria anlächelte, und dann hörte er murmelnd die Stimme der Ursula und die vogelhelle und leichte der Maria:

»Lieber Gott! Ich bin klein, mein Herz ist rein, lieber Gott, sollst immer darinnen sein. Amen.«

Der Bauer erhob sich von seinem Bett und ging hinüber. Da saß Ursula am Kinderbett, ließ die Händchen des Kindes nicht aus den ihren und erzählte:

»Dann ist der große Adler, der Blitzauge, von Karwendl herübergekommen, auf der Viererspitz hat er seinen Horst gehabt, hat ein Büschel Wunderkraut in seinem Schnabel getragen und es genau vor der Höhle des Bergmanndlkönigs abgeworfen. Seine kleinen Männlein haben davon Tee für ihn gekocht, und in drei Tagen ist er wieder gesund gewesen.«

»O fein!«, jauchzte Maria. Und nach einer Weile des Nachdenkens: »Warum hat der Adler das Wunderkraut nicht schon früher gebracht?«

»Es ist noch nicht reif gewesen für den Tee. Weißt du, Maria, alles muss man reifen lassen«, sagte Ursula mit hellem Lachen.

Als ob dieses Wort ein Wegweiser wäre, ein Fingerzeig des Schicksals, verschloss es Sebastian in seinem Inneren, sagte dem Kind und Ursula ›Gute Nacht‹ und ging auf sein Zimmer.

8

Ungefähr zur selben Stunde hielt in der Ludwigstraße in München ein Taxi. Eva Troller stieg aus, der Fahrer stellte ihre Koffer neben sie und fuhr wieder ab. Sie wusste, dass Robert im dritten Stockwerk wohnte, nahm entschlossen die Koffer und ging die Treppen hinauf. Sie waren kalt und breit, und es kam ihr der Gedanke, dass die schmälere braune Holzstiege auf dem Sperberhof immer warm und heimelig war.

Das Herz klopfte ihr bis zum Hals. Aber es war nicht das Gewicht ihres Gepäcks, es war ein Gefühl entsetzlicher Unruhe, ja Angst. Wie würde er es aufnehmen, dass sie so unangemeldet mit Sack und Pack bei ihm auftauchte? War vielleicht die Schwarzhaarige gerade da?

Aber Robert hatte ihr doch gesagt, dass sie beide ein modernes Liebespaar wären, wo eins dem Anderen keine Fesseln auferlegte, sondern völlige Freiheit lasse. Und er hatte ihr doch gesagt, dass sie ihm gefiele. Immer aufgeregter wurde sie und suchte verzweifelt in der Erinnerung nach dem Wort Liebe aus seinem Mund. Aber sie konnte dieses Wort nicht finden.

Auf der dritten Etage angekommen, stellte sie, schwer atmend, ihre Koffer ab und verschnaufte erst einmal. Weiße, kalte Wände, ebensolche Türen, nichts Warmes. Auf dem oberen Flur im Sperberhaus gab es zehn sattbraune Naturholztüren, deren Füllungen Leben hatten. Da erzählte ein längst geschlagener Baum, eine Eiche, ein Ahorn, oder auch eine Föhre, ob die Sommer und Winter ihres Lebens hart oder erträglich gewesen waren, ob der Durst sie gequält hatte oder ob ihre Wurzeln das Grundwasser erreichen konnten. Ob sie dem Eissturm auf freiem Felsgrat standhalten mussten, oder ob sie in der Geborgenheit warmer Gemeinschaft alt und reif geworden waren.

Sebastian hatte ihr das einmal gezeigt, und fast tat er ihr jetzt leid. Aber sie wusste auch, dass er unter ihrer Flucht nicht allzu sehr leiden würde. Was das letzte Gefühl für sie in ihm getötet hatte, das war, als sie ihm gesagt hatte, dass sie ein zweites Kind nicht zur Welt bringen wolle. Von da an ging ein Eishauch von ihm aus, wenn er in ihrer Nähe stand. Es war schon gut so, dass sie ihn verlassen hatte.

Alles um sie war still. Sie schaute auf ihre Armbanduhr, es war nach einundzwanzig Uhr. Nach einem tiefen Atemzug wagte sie es. Sie klingelte. Es rührte sich nichts. Von Angst gepackt, klingelte sie stärker. Da hörte sie ein Gebrummel, erkannte seinen Bass, der ihr von Anfang an gefallen hatte, und das Blut schoss ihr ins Gesicht. Die Tür wurde aufgerissen. Das Haar zerwuschelt, lediglich mit einem Slip bekleidet, stand Robert vor ihr.

Erst war es nacktes Erschrecken, das sie an ihm wahrnahm. Dann aber umfing sie sein Blick immer wärmer werdend mit einem Lächeln.

»Evalein«, sagte er, »du suchst wohl ein Nachtquartier? Ganz München soll besetzt sein wegen der Ausstellung und des Oktoberfestes.«

Er legte die Arme um ihre Schultern, griff aber gleich darauf nach den Koffern und ging voraus ins Zimmer.

Der erste Eindruck, den es auf sie machte, war der einer saloppen, ja schlampigen Studentenbude. Rote Gardinen an dem breiten Fenster, eine riesige, viel zu niedrige, unbequeme Couch, ein ebenso niedriger Tisch davor, Kleidungsstücke überall verstreut, ein übervoller Aschenbecher. Dazu drei leere Bierflaschen auf dem Tisch und ein Berg Bücher. Plötzlich sah sie die große Bauernstube im Sperberhof vor sich mit ihrer warmen Vertäfelung, auf deren Borden rings schwere Zinnteller standen. Der eichene Wandschrank davor hatte schmiedeeiserne, kunstvolle Beschläge und Butzenscheiben in den oberen Türen. Wenn die Sonne darauf fiel, leuchteten sie auf wie warmes Gold. Blühende Stöcke standen in den tiefen Fensternischen. Dazu die breiten, fichtenen Bodenbretter mit bunten Fleckerlteppichen. Das Schönste in der Stube war der riesige moosgrüne Inntaler Kachelofen mit eingelegten Wappenbildern in bunter Keramik. Aus ihren Gedanken riss sie die Stimme von Robert:

»Eva, wie lang willst du denn bleiben in München? Anbieten kann ich dir nichts, weißt du, ich bin nicht auf Besuch vorbereitet.«

Er trat an sie heran, sah ihren schlanken weißen Nacken, den feinen Hals mit dem goldenen Haarkräusel darüber und fing allmählich Feuer. Er war ein Mann, der die Angebote des Lebens ungern ausschlug, und das hier war ein Angebot. Eben wollte Eva mit Heldenmut sagen, dass sie fürs ganze Leben bei ihm bleiben wolle, und müsste sie wieder in die Fabrik gehen, wenn sie nur nicht mehr zurück müsse! Sie kam aber nicht dazu. Sie verspürte plötzlich, wie er die Arme um sie schlang, sie an sich drückte und ihr die Tränen fortküsste, die sie vor Glück weinte.

9

Regina Troller sah ihre Schwiegermutter mit dem Kind aus dem Haus gehen, gegen das Feldkreuz zu. Sie hatte die Uralte bereits während des letzten Vollmonds hinausgehen sehen, war am Fenster stehen geblieben und hatte ihr nachgeschaut, genau wie heute. Bereits damals war sie angefüllt mit einer seltsamen Beklemmung, einem nie empfundenen Schauer. Seit die alte Frau zum ersten Mal bei Vollmond in der Freitagnacht mit dem Kind zum Feldkreuz gegangen war, hatte sich das Köpfchen sichtlich zwischen den Schultern emporgereckt, war freier geworden. Oh, sie hatte es sehr wohl bemerkt! Tag für Tag wich der Buckel Marias kaum merklich, aber unentwegt zurück, als ob er sich nach innen zurückzöge.

Jeden Tag, seit dem ersten Nachtgang, hatte sie unter irgendeinem Vorwand die Küche im Hof aufgesucht, wenn Ursula das Kind badete. Aber sie hatte mit der Haushälterin nicht darüber geredet. Über Wunder sollte man nicht reden. Auch mit der Alten hatte Regina nicht gesprochen. Sie hatte heute noch einen ungeheuren Respekt vor der Schwiegermutter, die nach dem frühen Tod ihres Mannes den Hof unerschrocken alleine weitergeführt hatte, mit nur einer Hausangestellten an der Seite den überalteten Ahorn- und Lindenwald schlug, das Holz zur Säge brachte und für den Ertrag die damals niedergebrannten Stallungen und Scheunen wieder aufbaute.

Die Altbäuerin trat vom Fenster zurück, wie sie auch damals zurückgetreten war beim ersten Heimkommen der Großmutter vom Feldkreuz. Sie setze sich auf die Ofenbank und nahm ihr Strickzeug wieder auf.

Es war so hell in der kleinen Stube, dass man die Lampe hätte löschen können, die umschwirrt war von schwarz-, braun- und silbergepunkteten Nachtfaltern. Durchs offene Fenster kam der Schrei des Waldkauzes und in der Stille der Nacht hört man den Bach leise rauschen. Darüber stand das geheimnisvolle, immer währende Raunen des Jungwaldes, den die Großmutter, gerade verwitwet, mit eigenen Händen gepflanzt hatte.

Sie hörte die schweren Tritte der Heimkommenden.

Die Tür öffnete sich langsam, und die Großmutter ließ sich erschöpft auf das Kanapee sinken. Kleiner geworden kam sie der Altbäuerin vor. Sie sagte nichts. In den über vierzig Jahren des Zusammenlebens hatte die Regina gelernt zu warten, bis die Alte das Schweigen brach. Nach einer Weile richtete diese sich auf, schaute ihre Schwiegertochter lange an und sagte:

»Regina, glaub mir! Nichts geschieht vergebens auf dieser Welt. Der Mond hilft dem Kind, von seinem Buckel loszukommen, mir aber nimmt er die letzte Kraft. Ich bin so erschöpft, dass ich umfallen könnte. Ich muss schlafen gehen.«

Der Sperberhofbauer saß während dieser Nacht auf einem Baumstumpf mitten im Grenzwald über seinem Hof.

Das flutende Mondlicht umfing ihn. Vom Boden stieg ein Hauch beginnenden Herbstes auf. Hin und wieder sah man an dem und jenem Laubbaum, dass der große Maler mit seinem Pinsel hier vorbeigestreift war. Das Sternenheer, durch das der Mond seine Bahn nahm, leuchtete groß und klar am nachtblauen Himmel, wenn man lange hinsah, taten die Augen weh. Sebastian Troller lauschte in sich hinein.

Es erschien ihm wie ein Wunder, dass Maria nun ohne Buckel zur Schule gehen würde. Wenn nur Eva nicht einfach davongelaufen wäre!

Am Abend, da sie ihm gesagt hatte, dass sie ein Kind erwarte, war er willens gewesen, alle Enttäuschung zu begraben und neu zu beginnen. Nun musste er damit fertig werden, dass der Sperberhof ohne Frau und Bäuerin bleiben würde. Nur sein Kind wollte er haben, wenn es zur Welt gekommen war.

Tag für Tag dachte er an dessen Werden und Wachsen im Mutterleib der Eva, immer bedrängte ihn die Sorge, ob ihm nichts geschehe, nichts zustoße. Es war nicht unbedingt nötig, dass er eine Frau hatte, Kinder aber musste er haben. Er war allem, was junges Leben war, zugetan. Ein angeflogenes Fichten- und Tannenbäumchen, das im Schatten stand, grub er mit bloßen Händen aus und pflanzte es an einen freien Ort, wo es Sonne bekam.

Ein krankes Kälbchen betreute er nächtelang, machte ihm Umschläge oder Einreibungen je nach Verordnung. Alles Hilflose und Wehrlose hatte es ihm angetan.

Wenn nur Evas Schwangerschaft schon vorüber gewesen wäre! Er würde erst wieder ruhig schlafen können, wenn er das Kind hierher, auf den Hof gebracht hatte.

Der volle Mond war weitergewandert und stand nun genau über dem Brauneckgipfel. Im Osten, über den Tegernseer Bergen, beginnt der Himmel perlmuttfarben aufzuglimmen, und der erste, zarte Morgenwind streicht fein durch die ruhenden Zweige.

Drei Wochen waren vergangen, seit die Sperberhofbäuerin dem Hof inmitten der Wälder entronnen war. Der Bauer war seitdem nie unter Leute gekommen, nichts fürchtete er mehr als die Neugierde seiner Mitmenschen. Dem Nachbarn, dem Rauchenberger musste längst aufgefallen sein, dass die junge Trollerin nicht mehr am Haus vorbeifuhr. Er war ein guter Mensch und freute sich bestimmt nicht über die Sorgen oder den Schaden seines Nachbarn. Er hätte ohne Sorge mit ihm reden können, wenn ihm nach Reden gewesen wäre. Doch er hatte sein Inneres noch nicht einmal seiner Mutter oder der Großmutter erschlossen. Schon als Bub war er am liebsten allein mit seinen Problemen fertig geworden.

Doch seine Unruhe trieb ihn immer öfter in den Wald. Als ob das tausendfache Leben dort ihn an sich zöge, stieg er immer wieder bergan, sooft die Arbeit es zuließ. Noch war der erste Reif nicht gefallen am Rauchenberg, noch prunkten die Wälder in Gold, Purpur und Bronze. Und immer dazwischen das besänftigende, dunkle Grün der Tannen und Fichten, als müsse es der Orgie des hundertfarbigen Blattwerks Grenzen setzen. Die Bauern rechts und links der Isar aber warteten auf das Fallen dieses Blattwerks, denn dann begannen arbeitsreiche Tage für sie. Der Berg von Laubstreu musste bis unters Dach des Streuschuppens reichen, wenn die Tiere es im Winter weich und warm haben sollten. Da gab es ringsum keinen Achtstundentag auf den Höfen.

Aber noch schrien die Hirsche vom Jägerdorf an der Grenze bis hinaus zum Blomberg über der Tölzer Stadt. Wohl hatte der Sperberhofer seine Büchse um, aber zu schießen beabsichtigte er nicht.

Hin und wieder hielt er inne und horchte dem Konzert der Leidenschaft zu, das aus allen Winkeln, von allen Höhen brach, und wenn eine besonders mächtige Stimme die der anderen übertönte, dachte er: »Hoffentlich fliegt für ihn keine Kugel.«

Heute war Freitag und wieder Vollmond. Die Großmutter würde mit der Maria im Arm wieder zum Feldkreuz gehen und den Rücken des Kindes dem Mond entgegenhalten und beten. Und bis dann wieder Vollmond wäre, würde der letzte Rest des Buckels verschwunden sein. Die Großmutter hatte es ihm gesagt, ohne dass er gefragt hatte. Sie hatte nicht geahnt, dass sie das konnte, bis ein innerer Befehl sie dazu zwang. Sie war sehr müde geworden und sehr hinfällig während der zwei Monate. Aber sie war glücklich, so glücklich und zufrieden, wie ihr Enkelsohn sie nie vorher erlebt hat.

Manchmal, wenn er am Nebengebäude vorbei zum Geräteschuppen ging, hörte er ihre Altfrauenstimme einen längst vergessenen Jodler probieren. Er wusste auch, dass sie die dünnen Beinchen der Maria täglich mit ihren gichtknotigen Händen massierte, sie badete sie in einem Sud von Eichenrinde, Zinnkraut und Huflattich, außerdem ging sie zehnmal am Tag mit Maria um den Blumengarten, damit die Muskeln sich stärkten und das Kind gewappnet wurde fürs Leben. Sie tat alles für das Kind, was in ihren Kräften stand.

Mitten in seine Gedanken hinein stieß ein sonderbarer Laut. Ganz oben, wo der Rauchenberg sich gegen die Isar zuneigte, er war noch etwa hundert Schritte davon entfernt, hörte man ein Keuchen und Ächzen. Dann wieder Ruhe. Sebastian hielt an und lauschte. Es war, als ob die Stille rings um ihn klingen würde. Da – wieder das Keuchen. Und plötzlich ein Laut, wie wenn Stange auf Stange schlägt. Dann wieder das Keuchen und wieder Ruhe.

Als Gebirgler gewohnt, die Schritte gleichmäßig, von je einem tiefen Atemzug begleitet, zu setzen, begann Sebastian Troller nun bergauf zu eilen. Es war ein steiler Anstieg, und der Schweiß brach ihm aus. Die da oben aneinander geraten waren, nahmen keine Notiz von ihm. Sie standen etwa acht Meter voneinander entfernt, mit hasserfülltem Blick einer dem Anderen entgegenstarrend.

Die wuchtigen, nadelspitzen Stangen waren gesenkt zum Angriff, sie belauerten sich gegenseitig, um den richtigen Moment zum Angriff nutzen zu können. Sebastian Troller tastete sich immer näher heran und erkannte den Zwölfender, den um das Maul herum bereits grau gewordenen Platzhirsch, der vor drei Jahren vierzehn Enden getragen hatte. Der Alte war Vater und Großvater von zahllosen Hirschen in der Gegend.

Die Wilderer waren weniger geworden im Isarwinkel, so hatte dieser starke, gesunde Zwölfender sich lange Jahre unangefochten in seinem Revier behaupten können. Der jüngere, etwas schwächere Hirsch wehrte sich mutig, doch ihm fehlte noch die Erfahrung und auch die Kraft des Älteren. Eine unvorsichtige Wendung seitwärts, und der Alte bohrte mit einem Blitzsprung und einer jähen Drehung seines Hauptes dem Anderen das längste, blitzende Ende in den Leib. Blutrot zog er es wieder zurück. Das verwundete Tier brüllte qualvoll auf. Sebastian sah die Todesangst in den Augen der leidenden Kreatur und ihm war klar, dass der Hirsch unter grausamen Schmerzen eingehen würde. So nahm er das Gewehr von der Schulter, machte ein paar schnelle Schritte auf den Wankenden zu und gab ihm mit großer Überwindung den Gnadenschuss.

Er blieb bei dem Gefallenen stehen, nahm den Hut vom Kopf und wartete, bis der Blick des Sterbenden gebrochen war. Fünfzig Schritte weiter rechts aber brüstete sich der Sieger, stellte sich hoch aufgereckt in Positur und schickte grollend einen neuen Kampfruf hinaus übers Tal. Vom Ross- und Buchstein herüber antwortete in fast derselben Stärke ein anderer, und bald darauf orgelte, drohte und brunftete es von allen umliegenden Höhen diesseits und jenseits des Flusses.

Der Sperberhofer stand immer noch, den Hut in der Hand, vor dem ersten Hirsch seines Lebens, und auch wenn er zum ersten Mal eine Ahnung dessen verspürte, was so manchen anderen dazu trieb, alles andere liegen zu lassen, um seiner Jagdleidenschaft nachgehen zu können, war ihm doch klar, dass er niemals von dieser Leidenschaft gefährdet sein würde. Wie schön und stolz war das tote Tier vor ihm gewesen, als es noch lebendig gewesen war! Mochten andere auch über ihn den Kopf schütteln oder sogar seine Männlichkeit anzweifeln, er hatte kein Verlangen danach, Tiere zu töten, es sei denn, es war unbedingt notwendig.

Die Totenwache bei seinem ersten und sicherlich letzten erlegten Hirsch beendend öffnete er den Erkaltenden waidgerecht, band die vier Läufe zusammen und hob den jungen Brunfthirsch prüfend hoch. Die Eingeweide hängte er an den abgestorbenen Ast einer Eibe am Waldrand, den Bergdohlen, die bereits über ihm kreisten, zur Nahrung. Dann wuchtete er seine erste Beute über den Rücken. Die Last hatte weit über einen Zentner, aber das war für ihn kaum ein Problem. Heimzu ging es bergab, und von dort aus konnte er mit dem Wagen bis zum Forstamt in Bad Tölz fahren, um dort den Hirsch abzugeben.

Die beiden Frauen trauten ihren Augen nicht, als sie den Bauern mit seiner Last zum Hof kommen sahen. Die Großmutter betrachtete die tiefe Stichwunde und seitlich auf dem Blatt den Einschuss und wusste Bescheid, was sich im Wald abgespielt hatte. Ihr Schwiegervater und ihr Mann waren beide Jäger gewesen, doch Sebastian niemals. Ihr war klar, dass ihr Enkel den Schuss nur mit Selbstüberwindung angebracht hatte.

Sie ging in das Gebäude, sie musste allein sein und ihre Kräfte sammeln, denn es war wieder der erste Freitag des Monats, da der Mond voll wurde und seine Macht ausübte, und sie wollte in der kommenden Nacht das Werk vollenden.

Die Altbäuerin, die später zurückkam von der Hirschbeschau, sah die Großmutter in der dämmergrauen Stube sitzen, das Gesicht in beide Hände gelegt, als schlafe sie. Regina Troller wusste von den beiden letzten Vollmondnächten, dass man die Uralte besser nicht anredete, wenn sie so saß, bevor sie die Maria aus ihrem Bett holte.

Wie das vorletzte und letzte Mal würde sie von der Bank aufstehen und mit weit offenen, seltsam starren Augen ohne ein Wort durch die Tür gehen und kurz darauf mit dem Kind aus dem Haus kommen und hinübergehen zum Feldkreuz. Die Altbäuerin spürte, wie etwas Unbegreifliches ausging von der Großmutter, nicht sichtbar, aber spürbar, so dass sie in hilfloser Erregung ihre Hände faltete und betete.

Da flutete das Mondlicht voll durch die beiden Fenster der kleinen Stube, das Dämmergrau wurde hell, und urplötzlich richtete sich die Großmutter auf zur vollen Höhe, und, ohne die Altbäuerin überhaupt zu sehen, verließ sie das Haus. Alles war in silbernes Nachtlicht getaucht wie verzaubert. Der Hofbrunnen ließ Funken sprühen, als führte er Silbertropfen mit aus dem Innern der Erde. Die weißen und roten Geranien prunkten noch auf den Balkonen. Der blühende Rosmarin dazwischen verbreitete seinen herben Duft, viel stärker als bei Tageslicht.

All das nahm die Alte nicht wahr. Ihre Gedanken waren allein ausgerichtet auf die kommende Viertelstunde, da ihr Glaube dem Mond seine Kraft, sein überirdisches Vermögen abringen musste.

In dieser Nacht entschloss sich der Sperberhofer, von Tölz aus weiterzufahren nach München. Seine Briefe an das Meldeamt Hamburg wegen der neuen Adresse der Eva Troller, Sperberhofbäuerin am Rauchenberg, Gemeinde Lenggries, Kreis Bad Tölz, waren ohne Antwort geblieben. Vielleicht, dass der Student Näheres wusste. Hoffentlich war er überhaupt daheim, das Studium begann, so viel er wusste, erst etwas später. Aber versuchen musste er es. Die Unruhe um sein Kind brachte ihn fast um den Verstand. Die Adresse steckte in der Westentasche.

Als er in der Ludwigstraße klingelte, schlug es vom Turm der Kirche zehn Uhr. Der Surrton ertönte, der Student war also da. Mit einem quälenden Gefühl der Beschämung ging Sebastian die Treppe hoch.

In voller Bergausrüstung, braun gebrannt, riss der Student die Tür auf und prallte erschrocken zurück.

»Herr – Herr Troller!«, stammelte er unsicher. »Ich – ich komm grad aus den Dolomiten zurück, entschuldigen Sie!«

Sebastian Troller streckte ihm die Hand entgegen, aber der andere schlug nur zögernd ein. Er war auf einmal sehr blass geworden, seine Augen konnten dem ruhigen und sicheren Blick des Bauern nicht standhalten. Sebastian spürte, was in seinem Gegenüber vorging.

Nach einigen peinlichen Augenblicken stieß der Student die Tür auf und bat unsicher: »Kommen Sie doch herein, Herr Troller. Sicherlich steigen Sie nicht ohne Grund die drei Stockwerke hoch.«

Der Sperberhofer nickte wortlos. Nun wollte ihm der erste Satz nicht über die Zunge. Er hatte es sich leichter gedacht. Aber da fing der andere bereits an zu reden: »Sie – ich meine Ihre Frau – ist nicht bei mir, Herr Troller. Ich will mich nicht reinwaschen, ich kann mir denken, dass Sie eine andere Auffassung haben über solche Dinge. Mein Mädel hab ich verloren wegen dieser Dummheit. Einen besseren Kameraden im Berg und auch sonst find ich nie mehr. Vielleicht hätten wir sogar geheiratet.

Damit ist es nun aus. Verurteilen Sie mich nicht. Dass Ihre Frau wegläuft und zu mir nach München kommt, wollte ich nicht. Hätte ich sie doch gar nicht erst aufgenommen!«

Robert hob einen schweren Rucksack vom Stuhl, damit der Troller Platz nehmen konnte. Der setzte sich, er hatte es nötig. Sie hatte also gelogen in ihrem Brief. Sie war hier gewesen, nur eine gute Stunde Fahrt weg vom Sperberhof.

Er schaute sich um, alles war neu und ungewohnt für ihn, er konnte sich nicht wohl fühlen in diesem Raum. Es war kein einziges Stück aus warmem, lebendigen Holz gemacht in diesem Raum – nur Glas, Metall und Chrom. Das Bett breit und nieder, fast am Boden. Da war sie wohl mit ihm gelegen, während der Nächte, seit sie von daheim fort war.

Robert Oberländer suchte nach etwas in der Glasvitrine und warf hin und wieder einen scheuen Blick auf den Mann aus den Bergen.

Immer noch schwieg der Besucher, und so begann wieder er als Erster zu reden: »Herr Troller, glauben Sie mir! Es wäre mir lieber, ich hätte Ihre Frau nie kennen gelernt. Sie hat mir kein Glück gebracht. Jetzt erst weiß ich, was ich an meinem Mädel ihretwegen verloren hab. Sie haben als Ehemann das Recht, mich zur Rechenschaft zu ziehen. Ich kneife nicht. Nur eines müssen Sie vorher noch wissen. In Ihrem Haus, auf Ihrem Hof – ich meine, während des Aufenthalts am Rauchenberg, ist nichts passiert, was nicht jeder hätte sehen können.

Ernst ist es erst geworden, als sie hier aufgekreuzt ist. Nach ein paar Tagen hat sie mir dann erklärt, dass es höchste Zeit sei, in einer Privatklinik etwas zu erledigen. In drei Tagen sei sie zurück. Ich bin aus allen Wolken gefallen, als ich begriffen habe, dass sie schwanger war und die Schwangerschaft abbrechen wollte. Daraufhin habe ich ihr zugeredet, das Kind doch zu behalten und wieder heimzufahren, es könne doch alles noch mal gut werden. Dass gerade dieses Kind Sie beide wieder zusammenführen könne. Aber sie wollte davon nichts hören. Eines Tages, es war der elfte Oktober, fuhr ich zu meiner kranken Mutter heim und fand, als ich wiederkam, die Bude leer. Auf dem Tisch ist dieser Zettel gelegen.«

Der Student kramte kurz in seiner Brieftasche und reichte Sebastian Troller ein kurzes Schreiben mit Evas Handschrift: »Robert, mein Geliebter! Wenn ich wiederkomme, bin ich frei wie ein Vogel in der Luft, und wir beide können ein gemeinsames Leben beginnen. Immer deine Eva.«

Robert Oberländer sah, dass der Mann erblasste. Er ging zur Glasvitrine, riss ein Glas heraus und schenkte ihm etwas ein.

»Trinken Sie das, Herr Troller! Es tut gut.«

Mechanisch nahm der Besucher das Glas und kippte den Schnaps hinunter. Es kam wieder Leben in seine Wangen, und er fragte heiser: »Und dann?«

»Dann ist sie am Dreizehnten bereits wiedergekommen, als ob nichts geschehen sei. Aber mich hat das so angeekelt, was sie getan hatte, diese Hinterhältigkeit, dass ich ihr gesagt habe, ich könne ihren Anblick nicht mehr ertragen, sie solle sich eine andere Bleibe suchen. Sie hat es mit Tränen versucht und mit der Drohung, sich umzubringen, aber ich hab nicht anders können. Ich hab ihr die Tür gewiesen. Bevor sie die Treppen hinunterging, hat sie mir noch zwischen Tür und Angel zugerufen: Sag dem Sperberbauern, dass es ein starker, gesunder Bub gewesen sei. Sag's ihm! Aber was soll ich mit einem Kind, wenn ich ein neues Leben anfange!«

Er hatte es gewusst, dass es ein Bub gewesen war, ein Hoferbe! Er hatte es gespürt. Am liebsten hätte er geweint. Aber er konnte es nicht. Da stand vor ihm der Student, und der sollte einen Sperberbauern nicht weinen sehen.

Sebastian Troller stand auf, langsam, schwer, wie ein alter Mann, der keine Kraft mehr hat. Er gab dem Studenten die Hand und sagte: »Herr Oberländer, leben Sie wohl. Mir ging's nur um das Kind.«

Dann ging er Stufe für Stufe die Treppen hinunter.

Ein Schutzengel musste neben ihm am Steuer gesessen sein, anders wäre er wohl nicht heil heimgekommen, zu sehr machte ihm das Wissen, dass sein ungeborener Sohn nicht mehr lebte, zu schaffen.

Als er durch die Hofeinfahrt fuhr, war ihm, als erwache er plötzlich aus einem seltsamen Zustand. Die Mutter stand da in ihrem grauen wollenen

Umschlagtuch und hastete auf ihn zu: »Sebastian, dass du nur da bist! Komm gleich zur Großmutter. Sie will mit dir reden.«

Seine Zunge war wie erstarrt. Er fragte nicht wieso oder warum, er ging hinter der hastenden Mutter her wie eine Marionette. Seine Füße waren so schwer, dass sie ihn kaum die Stiege hochtrugen in das Schlafzimmer der Großmutter. Von einem Berg Kissen gestützt, saß sie in ihrem Bett, und ihre Augen blickten ihm riesengroß entgegen.

Als sie sein Gesicht sah, dieses vereiste, blutleere Gesicht, füllten sich ihre Augen mit feuchtem Glanz, und langsam liefen zwei schwere Tränen aus den Augenwinkeln die breitflächigen, runzligen Wangen hinab. Nie, solange er lebte, hatte er die Großmutter weinen sehen.

Der Tod hatte das Antlitz der Großmutter bereits gezeichnet. Die Nase war spitzer geworden, um die mächtigen Augen lagen tiefe Schatten, die vorher nicht da gewesen waren.

Die beiden gichtknotigen Hände bewegten sich unter der seinen, als ob ein Unsichtbarer an ihnen zöge. Aber er hielt sie fest mit der ganzen Liebe, die er für die alte Frau empfand. Reden konnte er noch immer nicht. Da sagte sie mit einer ganz fremden, brüchigen Stimme: »Sebastian, armer Sebastian! Hast sie nicht gefunden. Hab keinen Hass. Du wirst kaum einmal einen Schmetterling finden im Tannenwald. Er gehört in eine andere Welt. Sie ist zurück in diese andere Welt, hab keinen Hass. Dafür wird die Maria aufwachsen ohne Buckel, ein gerades, gescheites Kind. Aber sie wird nicht Hoferbin werden. Ich hab einen Traum gehabt. Die Ursula ist über den Anger gegangen, und an jeder Hand hat sie einen Buben geführt, so alt ungefähr wie die Maria jetzt. Die Ursula –«

Nach diesem letzten Wort sank der Kopf der Großmutter zur Seite, und ihre Hände bewegten sich nicht mehr.

Die Altbäuerin hatte den großen dreiteiligen Kerzenleuchter aus dem Glasschrank genommen und die geweihten Kerzen angezündet, kaum hörbar war die Ursula dazugetreten, dann ging sie wieder hinaus und läutete, ohne den Bauern zu fragen, die Hausglocke, damit sie die Seele der Großmutter hinübergeleite in die andere Welt.

10

Die Hirsche hatten zu schreien aufgehört, es war still geworden in den Wäldern nahe dem Sylvensteinsee. Am Morgen zog der Nebel das Isarbett abwärts und versprach so einen Tag mit strahlender Bläue.

Ursula und Regina Troller saßen halbe Nächte lang über Körbchen von Wachslaub und Almrosengrün, die letzten frischen Geranien wurden hineingewunden in die wahren Kunstwerke von Girlanden und Gitterwerk.

Der Sperberhof war noch nie der Letzte gewesen, wenn es galt, den Leonhardiritt in Bad Tölz zu verschönen.

Lisa und Gerdi würden dem Jachenauer Truhenwagen Ehre machen wie jedes Jahr. So kunstvoll und liebevoll war keinem anderen Pferd die Mähne geflochten und mit Röslein besteckt wie den beiden Stuten des Sperberbauern vom Rauchenberg. Keiner im Isarwinkel hatte prächtigeres Riemenzeug, kunstvoll benäht und mit silbernen Nägeln beschlagen. Und auf den Köpfen trugen die beiden eine Art Kronreif von Goldfäden, mit Flitterperlen besät. Und erst der Schweif einer jeden war eine Pracht. Vierteilig geflochtene Zöpfe, purpurrote, gezackte, schmale Tuchstreifen dazwischen. Und, was der heimliche Stolz des Sperberhofers war, kein anderes der zweihundert Pferde, die da zum Kalvarienberg zogen, trug über den Hufen eine Art Kappe von gehämmertem Kupfer. Sein Großvater, der Eberhard Troller, soll sie aus Freude über den Erstgeborenen bestellt haben beim Kupferschmied in Tölz. All dieser bäuerliche Reichtum hatte seine eigene Truhe in dem Zimmer der Großmutter.

Sebastian Troller konnte nicht mithelfen beim Winden des Schmuckwerks für seine beiden Pferde. Das Zaumzeug aber war seine Arbeit. Es blitzte wie lackiert. Im vergangenen Winter hatte er es auch bestickt, zum ledernen und gepolsterten Riemenzeug passend. Obwohl die Trauer um die Großmutter auf ihnen allen lag wie eine dunkle Wolke, wäre keiner auf den Gedanken gekommen, diese Tradition ausfallen zu lassen.

Maria schlief in ihrem Bettchen, und im plötzlichen Drang, sein Kind zu sehen, verließ Sebastian die Stube und ging die Stiege hinauf ins Kinderzimmer.

Da lag seine Tochter und die goldfarbenen Locken, etwas dunkler als die ihrer Mutter, umrahmten ihr Gesicht. Er zog einen Stuhl heran, setzte sich und legte sein Gesicht auf die kleine Hand seiner Tochter, und keiner sah, dass ihm Tränen über das Gesicht liefen, befreiend und erlösend.

Nun war der große Tag der Isarwinkler vorüber. Sebastian Troller ritt zum Rauchenberg, die Lisa und die Gerdi gebärdeten sich wie zwei Junge. Als sie die Großmutter vor Tagen erst hinausgezogen hatten zum Bad Tölzer Friedhof, da waren ihnen die Köpfe so tief gehangen, dass die Leute am Weg stehen blieben und darüber redeten. Ihm sollte einer sagen, Tiere hätten keine Seele!

Er hatte sehr getrauert um seine Großmutter, aber mehr noch um Evas ungeborenes Kind, das niemals die Welt erblicken würde, sein Hoferbe, den er sich so sehr gewünscht hatte. Natürlich konnte auch Maria den Hof erben, doch er fühlte ohne jeden Zweifel, dass das nicht ihre Bestimmung war, Bäuerin zu sein. Was sollte er also tun? Nun war ihm ein Gedanke gekommen: Wozu hatte er einen Zwillingsbruder mit fünf Buben und einem Hof, der seine Familie mehr schlecht als recht ernährte? Konnte der ihm nicht einen von seinen Buben geben, damit er später Sperberhofbauer würde?

Dann hatte er seinen Hofsohn und die Maria einen Bruder und Kameraden.

Über der jungen Fichtenschonung, an der er entlangritt, lag schon die erste graue Abenddämmerung. Weit breiteten sich drüben die Isarauen, auf den Schattenhängen der gegenüberliegenden Bergkämme lag Raureif. Links im Buchenwald fiel das Laub. Diese Abschiedsstunde der Natur mahnte an den Tod. Und er musste wieder an die Großmutter denken, die erst vor kurzem hinübergegangen war in eine andere Welt.

Je näher er dem Hof kam, desto tänzerischer und beschwingter setzten die alte Lisa und die um noch ein Jahr ältere Gerdi ihre Füße. Immer wieder beugte sich die Lisa herüber zu der Gerdi, mauschelte ihr etwas zu, und der Bauer sah, wie deren Ohrmuscheln leise zuckten.

Das heiterte ihn wieder auf, er klopfte beiden auf den Hals, und ihr freudiges Aufwiehern war ihm wie eine Liebkosung. Es mochte schon stimmen, was die Mutter erst kürzlich gesagt hatte: »Sebastian, du bist doch ein Pferdenarr bis in den letzten Blutstropfen.«

Das Laub lag unterm Dach, nun wurde es Zeit, seinen Bruder aufzusuchen und ihm von seiner Idee wegen eines Hoferben zu erzählen. Natürlich wäre es einfacher gewesen, in den Bus einzusteigen und nach Gmund zu fahren, aber es gab einen wunderschönen Wanderweg am Hohenburger Schloss vorbei hinauf zum Hirschbachsattel und von da hinunter zum Tegernsee, ein Weg, den er immer gerne gelaufen war, am liebsten ganz alleine mit seinen Gedanken, die dort nur selten durch Begegnungen mit anderen Wanderern gestört wurden. Seit Tagen freute er sich auf diese Wanderung, aber zuvor musste er seiner Mutter noch erzählen, was er vorhatte, und die Ursula sollte es natürlich auch erfahren.

Und wie sie beim Abendbrot saßen und ihre Rohrnudeln in Zwetschgenmus tunkten, sagte er also: »Mutter, ich überlege mir, ob ich nicht einen der Buben vom Hannes hierherholen soll.«

Die Mutter legte den Löffel hin, als sei er ihr plötzlich zu schwer geworden. Die Ursula wurde blass, und ihre Hand zitterte ein wenig. Aber der Sebastian bemerkte es nicht.

Doch die Mutter sah es, sie wusste schon lange, dass die Ursula den Sebastian liebte. Sie erinnerte sich an Stunden, wo niemand vom Sperberhof auf ihn gewartet hatte, wenn er einmal auswärts gewesen war. Sie, die Mutter, hatte ihm sein Essen in den Ofen gestellt und war ins Bett gegangen, wenn's allzu spät wurde, denn sie musste um fünf Uhr in der Frühe wieder heraus. Aber die Ursula hatte ihr Strickzeug genommen und auf ihn gewartet. Nur eine Frau, die einen Mann über alles gern hat, tut das, keine andere. Einmal hatte sie mit der Großmutter darüber geredet. Aber die hat sie groß angesehen und gesagt:

»Regina, der Sebastian hat andere Träume. Hast es ja gesehen, dass er eine goldhaarige Zierpuppe mitgebracht hat als Bäuerin. Wir haben's beide gewusst, dass das nicht gut gehen wird. Nur seine Augen haben gebrannt, wenn er sie angeschaut hat, die ihren nicht. Ich hab keinen Grund, sie deshalb zu verdammen. Auch ich hab deinen Schwiegervater, den alten Troller, um der Versorgung willen geheiratet. Bei uns ist es gut gegangen, weil ich die Tiere liebte und die Bauernarbeit. Von Kindern gar nicht zu reden. Ich wollte, es würde ein halbes Dutzend auf dem Sperberhof herumspringen. Jetzt muss ich mich halt begnügen mit unserer Maria, sie muss mir all das ersetzen.«

Nun war sie gestorben. Früher als nötig vielleicht, um Marias Missbildung zu heilen. Jedes Mal, wenn sie heimgekommen war in den Vollmondnächten, war sie schwächer geworden. Es war so gewesen, als hätte man sie zusammenschrumpfen sehen.

In die Gedanken der Mutter hinein sagte der Sohn: »Mutter, warum sagst du denn nichts?«

Die Mutter schaute auf ihre Hände und schwieg. Und der Sohn fragte noch drängender: »Warum sagst du denn nichts?« Und weil sie immer noch schwieg, setzte er hart hinzu: »Ich habe keinen Hoferben, und ich bekomme auch keinen mehr! Darum möchte ich einen der Buben vom Holperer-Hof. Ist auch Trollerblut.«

Da hob die Mutter ihre abgearbeitete Hand vom Tisch, legte sie auf die ihres Sohnes und meinte fast schüchtern: »Du könntest noch mal heiraten, Sebastian! Du bist ja noch jung!«

Ein so bitteres Lachen war die Antwort, dass die Mutter ihrem Buben erschrocken ins Gesicht starrte.

»Heiraten! Wenn einer heiraten will, muss er frei sein. Ich aber bin's nicht. Nicht nach dem Gesetz, mein ich!«

Da räusperte sich die Ursula, und ihre Stimme klang, als sei sie plötzlich heiser geworden. »Eines Tages wirst du wieder heiraten müssen, Sebastian! Die Mutter kann das nicht mehr schaffen. Es ist viel zu tun.«

Sebastian war perplex: »Aber Ursula, du bist doch auch noch da!«

Die Bäuerin sah, wie ein schmerzliches Lächeln um die Mundwinkel der Ursula zog.

»Glaubst du denn, ich bleib für immer auf dem Hof? Hast mich wohl schon ganz zum alten Eisen gerechnet, Sebastian? Weißt du, ich möchte gerne eigene Kinder haben. Es könnte sein, dass ich eines Tages ja sage zum Zimmermann Bertl in Lenggries.«

Der Sebastian Troller wurde blass. Langsam, wie eine Marionette, stand er auf von der Bank, schaute die Ursula an, als sähe er sie zum ersten Mal, und ging aus der Küche.

Der Nebel hatte sich milchweiß und fein über den Sperberhof gelegt, über die Wiesmahd und den nahen Jungwald. Wie aus unendlicher Ferne tönte gedämpft hie und da die Hupe eines Autos von der Faller Straße jenseits des Flusses. Hinterm Tannwald keckerte giftig ein Fuchs, vielleicht machte ihm ein Dachs den Bau streitig. Sebastian Troller, der, rucksackgeschultert, der Lenggrieser Isarbrücke zuwanderte, hörte es nur am Rande. Immer noch sah er die Ursula vor sich stehen mit dem schmerzlichen Lächeln um den weichen Mund und den dunklen Augen, in denen, wie ihm schien, heimliche Tränen geglänzt hatten.

»Ursula«, war Großmutters letztes Wort auf dieser Welt gewesen. Was hatte sie ihm noch sagen wollen, bevor sie für immer gegangen war? Vielleicht, dass die Ursula die beste Frau und Bäuerin wäre, die beste Mutter, die einer suchen kann? War es das, was sie hatte sagen wollen?

Schau, schau! Der Zimmermann Bertl von Lenggries hatte um sie angehalten! Vor gut einem Jahr war er auf dem Sperberhof drei bis vier Tage wegen einer Reparatur am Dachfirst gewesen, ein gut aussehender, rüstiger Wittiber ohne Kinder und mit Haus und Grund, dass es eine Pracht war.

Eine gute Partie für die Ursula. Verdammt noch mal! Er musste sich doch eigentlich für sie freuen – warum konnte er es nicht? Wie ein kalter Schauer lief es ihm über den Rücken, stellte er sich seinen Hof vor ohne Ursula!

Während er diese Probleme wälzte, schritt er zügig aus. Zwei Stunden war es bis hinauf zum Hirschbachsattel, zwei bergabwärts bis zum Holperer-Hof.

Die Last auf dem Rücken und ihr Gewicht machten ihn froh. Da hatte ihm die Mutter ein schönes Stück durchwachsenen Speck aus dem eigenen Rauchfang eingepackt, zwei dicke Mettwürste, einen roten hausgemachten Presssack und einen riesigen Laib Kletzenbrot für die fünf Gmundner Enkel. Bevor er den Rucksack zuschnürte, war die Ursula noch gekommen und hatte fünf Paar feste Schafwollfäustlinge daraufgelegt und lachend gemeint:

»Sag dem Hannes, dass die Ursula sie von ihrer Lohnwolle gestrickt hat für seine Kinderschar! Er soll sie einem jeden von ihnen unter den Christbaum legen und dazu sagen: Die schickt euch die Ursula vom Sperberhof. Ich wollte, ich könnte sie einmal alle beieinander sehen, die fünf!«

Sie war schon etwas Besonderes, diese Ursula. Warum kam ihm jetzt erst der Gedanke, dass er zu ihr hätte sagen können: »Ursula, komm mit zum Holperer-Hof.« Sie hätte sich sicher gefreut.

Wann eigentlich war die Ursula zum letzten Mal vom Hof fortgekommen? Das musste Jahre her sein. Einmal war sie weiter weggefahren, zur Beerdigung einer alten Tante. Und sonst? Schnell, schnell mit dem Rad zur Frühmesse in die Lenggrieser Kirche, schnell, schnell wieder heim. In all den Jahren war sie nicht einmal zum Tanzen fort gewesen oder sonst zu einer Lustbarkeit. Sie war immer gleich heiter und zufrieden gewesen, alle Arbeit lief ihr durch die Hände wie ein Spiel. Der Gedanke, dass auch sie einmal gerne eine Abwechslung gehabt hätte, war ihm gar nicht gekommen.

Seine Mutter hätte ihn darauf hinweisen sollen, sie war doch eine Frau und musste wissen, wie es einem jungen Mädchen ums Herz war. Warum hatte sie nicht gesagt, dass er die Ursula mitnehmen solle zum Feuerwehrball, vor dem er sich damals nicht hatte drücken können? Dann wäre ihm die Eva nicht begegnet, und alles wäre anders gekommen. Aber seine Mutter hatte sich wohl eine andere Braut für ihn gewünscht. Jahrhundertelang hatte es das Ansehen eines freien Bauern geschmälert, wenn er in der Wahl seiner Bäuerin nach unten griff. Eine kleine Magd hatte nichts zu suchen als Sperberhofbäuerin, da waren hundert Großbauerntöchter, die stolz gewesen wären, wenn ein Sperberhofer sie genommen hätte. Dass die Großmutter es geschafft hatte, den Großvater zu bekommen, das war eine Ausnahme, die sie wohl nur ihrem starken Willen und ihrer Schlauheit verdankte.

Jetzt, in dieser Sekunde, wurde ihm klar, was die Großmutter auf dem Sterbebett ihm noch hatte sagen wollen: »Ursula liebt dich! Heirat sie!« Da hatte der Tod sie gezwungen, das auszusprechen, was längst hätte gesagt sein sollen. Und jetzt war es wohl zu spät, ein anderer hatte zugegriffen, wo er selbst zu lange gezögert hatte, weil er gedacht hatte, selbst wenn die Eva aufgefunden würde in Hamburg, ein Sperberhofbauer ließ sich doch nicht scheiden!

Warum eigentlich sollte er sich nicht scheiden lassen? Mochten sich die Leute doch das Maul zerreißen – eine Ursula wäre das alle Mal wert und hätte ein solches Zeichen der Liebe und Wertschätzung auch verdient gehabt. Müde, nass und frierend war er oft um die Dunkelzeit heruntergekommen vom Berg zu seinem Hof, Großmutter und Mutter waren schon schlafen gegangen. Die Ursula aber mit ihrem guten, stets freundlichen Lächeln hatte immer auf ihn gewartet. Oft hatte sie ein Fußbad für ihn vorbereitet und einen heißen Most, dass er sich erwärmen konnte. Er hatte das als ganz selbstverständlich genommen und konnte sich nicht erinnern, dass er einmal ein lobendes Wort dafür gefunden hätte, oder über das Essen, das sie ihm in der Bratröhre warm gehalten hatte.

Mitten auf der Isarbrücke in Lenggries wurde er von einem Zuruf aus seinen Gedanken gerissen.

»Wo geht's denn hin, Troller?« Es war ein ehemaliger Schulkamerad aus Anger, der auf einen großen Hof in Gaißbach geheiratet hatte.

»Nach Gmund, zum Bruder«, sagte er, »und dir, Toni, geht's gut, wie man sieht!«

»Das kann man sagen«, lachte der und etwas ernster: »Aber bei euch könnte es besser sein, wie ich gehört habe. Alle Welt redet über deine Frau, dass die auf und davon ist, und niemand kann verstehen, wie eine Mutter ihr Kind einfach im Stich lassen kann. Ein kleines Mädchen hast du doch, nicht wahr?«

Das Gesicht des Troller, das sich verdüstert hatte, während er dem alten Freund zugehört hatte, hellte sich wieder auf.

»Ja, die Maria«, sagte er. »Sie ist ein liebes Kind, wir haben nur Freude mit ihr. Komm uns halt einmal besuchen, auch mein junger Stier ist einen Besuch wert. So einen siehst nicht so schnell wieder.«

Der Toni versprach lachend, bald auf den Sperberhof zu kommen, und dann trennten sich ihre Wege wieder.

Also wusste man schon bis in Gaißbach draußen, dass dem Sperberhofer die Frau davongelaufen war. So eine Neuigkeit gab es natürlich auch nur alle zwanzig Jahre einmal im Isarwinkel. Aber das geschah ihm ganz recht! Mit der Ursula wäre ihm das nicht passiert. Die Ursula wäre eine Bäuerin gewesen, wie sie nicht besser sein konnte. Und auch wenn sie keine feenhafte blonde Schönheit war, wie es Eva gewesen war, als er sie kennen gelernt hatte, so war sie doch eine ansehnliche Erscheinung. Vielleicht war es ihm nur deshalb nie aufgefallen, weil sie so selbstverständlich immer da gewesen war. Da musste man erst nahe daran sein, einen Menschen zu verlieren, um zu begreifen, wie sehr dieser Verlust schmerzen würde!

Größer und weitausholender wurden die Schritte des Sebastian, und bald hatte er das Hohenburger Schloss und den Gutshof hinter sich. Einsamkeit nahm ihn auf, Stille und Geborgenheit in der Tiefe der Wälder. Brünnlein und Rinnsale ohne Zahl brachen aus dem Fels, verloren sich wieder mit feinem Geplansche im fußtiefen Moosteppich zwischen den Steinen. Wie Türme standen Tannen und Fichten, Linden und Ulmen, Buchen und Ahorn, und hin und wieder breitete wie lacküber-gossen eine vielhundertjährige Eibe ihre Zweige.

Ein Berghase hoppelte über den Weg, in seinem sommerfarbenen, erdgrauen Pelz hatte sich bereits ein weißer Fleck breit gemacht, ein Zeichen, dass der Winter nicht mehr weit war. Sebastian hatte keinen Grund, sich wegen des Winters Sorgen zu machen. Im Stall standen vierunddreißig Kühe, die meisten hochträchtig, im Schafstall zweiundsechzig weibliche Tiere und ein prämierter junger Widder, die Mastschweine setzten gut an und im Hennenstall, hatte die Ursula gesagt, sei heuer auch kein Verlust zu verzeichnen.

Am Zufahrtsweg zum Sperberhof lagen fünfzig Meter erstklassiges Bauholz bereit für die Abholung zum Moralt in Bad Tölz. Der hatte mehr bezahlt, als Sebastian sich insgeheim erhofft hatte. Schon der Großvater hatte an Moralt geliefert und war nie übers Ohr gehauen worden.

Aber das Schönste, das Allerschönste von allem war, dass Marias Missbildung, nachdem sie Tag für Tag unmerklich kleiner geworden war, mittlerweile vollständig verschwunden war, als hätte es sie nie gegeben. Er war mit ihr beim Arzt gewesen, um sie untersuchen zu lassen. Dass Marias Rücken, dessen Verkrümmung der Arzt so oft begutachtet hatte, nun so gerade war, wie man es sich nur wünschen konnte, war offensichtlich, auch wenn eine medizinische Erklärung dafür nicht zu finden war. So befand der Mediziner schließlich, dass es sich um eine spontane Begleiterscheinung des Wachstumsprozesses handeln müsse. Hierfür gebe es Präzedenzfälle, allerdings so selten, dass man schon beinahe von einer Wunderheilung reden könne. Er freute sich von Herzen mit dem glücklichen Vater über diese erstaunliche Heilung, und der hütete sich, den Seelenfrieden des Arztes durch eine Schilderung der Behandlung, die die kleine Maria von ihrer Urgroßmutter in den Vollmondnächten erfahren hatte, zu gefährden.

Sie hatte eben besondere Kräfte gehabt, seine Großmutter, so wie er selbst einen schwachen Abglanz davon manchmal auch verspürte. Wenn ihn die Mondkraft rief und er aus seinem Zimmer ging, hinaus ins strömende Licht der Nacht, dann war er ein anderer Mensch. Einmal hatte ihn der Jäger vom Underberg geweckt auf seiner nächtlichen Wanderung, und dies war das einzige Mal gewesen, dass er sich am nächsten Tag noch an die Einzelheiten erinnern konnte, alle anderen Ausflüge im nächtlichen Mondlicht blieben auch ihm selbst dunkel und verborgen.

Seine Großmutter hatte ihn, als er in Kinderjahren mit diesen nächtlichen Ausflügen begonnen hatte und sich anfangs sehr gefürchtet hatte, wenn er am Morgen danach an seiner Kleidung und den Schuhen die Spuren davon entdeckt hatte und sich doch an nichts erinnern konnte, in die Arme genommen und ihm gesagt, dass er von Gottes Schöpfung ein Körnchen mehr mitgekriegt habe als andere Kinder.

Eine Schar Bergdohlen, die über ihn hinwegflog gegen den Fluss zu, riss ihn aus seinen Betrachtungen. Nun war er schon am höchsten Punkt des Hirschbachsattels, von wo es hinüberging zum Seekarwirt und weiter zum Schönberg und zum Ross- und Buchstein. Wenn die Maria einmal so weit war, dann wollte er sie mit auf die Alm nehmen, ihr alle Blumen und Moose zeigen, die im Bergland daheim waren. Das würde ihr gefallen – die Maria konnte sich über solche Dinge freuen wie selten ein Mensch.

Da lag plötzlich die freie Sicht vor ihm mit grünen Weiten und beschneiten Bergflanken im Süden, die Sonne hatte sich durch den Nebel gerungen und prangte an einem enzianblauen Himmel. Ein sanfter Wind war aufgekommen und trug das herrliche, dunkle Geläut aus der Tegernseer Klosterkirche herauf zu ihm. Die Sonne verschwendete ihre Pracht an jede Nadel, jeden Grashalm, den sie erreichen konnte. Und als ob auch die Wintervögel unserer Wälder Gott lobpreisen wollten, stiegen ihre Stimmen freudig empor in den azurblauen Sonntagmorgen.

Eine gute Stunde Fußmarsch noch, und er hatte es geschafft.

Eine heiße Wallung von Freude durchpulste ihn, wenn er an das Wiedersehen mit dem Bruder dachte. Obwohl die beiden Brüder so verschieden waren, hätte einer für den anderen das Letzte gegeben. Einen Grübler nannte ihn der Hannes, halb im Spaß, und er selbst warf dem Zwillingsbruder vor, dass er nicht weit von einem Bruder Leichtfuß entfernt war und das ganze Leben durch eine rosarote Brille betrachtete.

Der Hannes war nicht unbedingt ein besonders gut aussehender Mann. Aber seine kleine Holpererhof-Bäuerin sah ihn immer noch, nach zehn Ehejahren, ganz verliebt an. Der Hannes hatte das, was ihm selber fehlte: das Draufgängerische, die lachende Unbekümmertheit.

Am alten Ahorn, in den der Blitz gefahren war und der seltsam bizarr seine dürren Arme zum Himmel reckte, konnte er den Holperer-Hof bereits sehen.

Er lag inmitten einer großen Wiesenlandschaft, neben einem großen Obstgarten, ein schmuckes, kleines Bauernhaus. Und wie er so herabschaute auf das Tal, wo der Tegernsee wie ein riesiger dunkler Spiegel dalag, sah er auf dem schmalen Feldweg zum Hof den Bruder kommen, seine fünf Buben im Schlepptau. Einen von diesen Fünfen würde er heute dem Bruder abbetteln müssen, wenn der Sperberhof nicht verwaisen sollte, denn ein sicheres Gefühl sagte ihm, dass seine Maria für etwas anderes geboren war als für das Leben einer Bergbäuerin. Sie war ein selten kluges Kind, und oft war es schwer, auf ihre Fragen die rechte Antwort zu geben.

Die Ursula hatte er sich leichtsinnig verscherzt – der Zimmermann würde bekommen, was er selbst zu spät wahrgenommen hatte. Er wollte nicht mehr daran denken, heute sollte ein Tag der Freude werden. Um seinen Bruder auf sich aufmerksam zu machen, pfiff er so laut auf den Fingern, dass es weithin zu hören war. Hannes erkannte das Signal, mit dem sich die beiden schon als Kinder gegenseitig von weitem verständigt hatten, und gab in gleicher Weise Antwort. Und während der Onkel Sebastian vom Rauchenberg, schwer bepackt, im Laufschritt den restlichen Berghang nahm, hatte der Vater alle Hände voll zu tun mit seinen fünf Buben, die nun natürlich alle ebenfalls diesen Pfiff lernen wollten.

Da saßen sie nun in der guten Stube am Tisch – dem Kleinsten hatte die Mutter ein Rosshaarpolster untergeschoben –, und die Tiroler Speckknödel in der Brühe mit Kartoffelsalat schmeckten dem Sebastian wie daheim der feinste gespickte Wildbraten. Ein blauer Steinkrug voll Birnenmost stand in der Tischmitte, und von den Erwachsenen hatte jeder einen passenden kleinen Krug neben sich. Der Hannes strahlte übers ganze Gesicht und schenkte immer wieder nach, weil dem Sebastian sein Selbstgemosteter gar so gut schmeckte. Auch die Schwägerin, die Rosi, hatte vom ungewohnt reichlich genossenen Most schon Bäcklein wie eine Pfingstrose bekommen, und das wiederum brachte ihren allzeit zum Feiern bereiten Hannes in Hochstimmung.

Auch die Buben waren in bester Laune. Auf der Ofenbank lag fett und prall der Rucksack vom Rauchenbergonkel, und es war noch jedes Mal etwas für sie darin gewesen. Aber es fragte keiner danach. Die Mutter hatte ihnen beigebracht, dass man nicht fragte nach dem Mitbringsel, wollte man nicht ein unhöflicher Stoffel sein, für den sie sich schämen musste. So warteten sie geduldig, bis alle fertig gegessen hatten.

Dann stand der Älteste, der neuneinhalbjährige Martin, auf vom Tisch, holte das Tablett auf der Ofenbank und räumte ab. Der achtjährige Michel hatte anderes zu tun. Er musste den Schweinetrog auswaschen und den Eimer Mittagfutter einschütten. Es stand bereits, von der Mutter angerührt, warm auf der Herdkante. Den siebenjährigen Thomas traf das Abtrocknen und Einräumen. Abwasch war Sache des Martin. Der Matthias fragte, ob er seinen Tauben auch etwas vom Hühnerfutter geben durfte. Ihm oblag am Sonntag das Hennenfüttern. Nur der Jörg, der erst Fünfjährige, hatte keine Pflichten. Er saß neben der Mutter und wäre ersichtlich gerne dort geblieben.

Aber die Mutter sagte ruhig und freundlich: »Jörg, du weißt, du musst eine Stunde schlafen. Zieh deine Schuhe aus und leg dich hin.« Und mit einem feinen Lächeln, das sie noch hübscher machte, als sie ohnehin war: »Den Rucksack, den packt der Onkel Sebastian erst aus, wenn du wieder da bist.«

Aber der Onkel Sebastian brachte es nicht über sich, den sichtlich enttäuschten kleinen Kerl warten zu lassen. Er stand vom Tisch auf, griff tief hinein und hatte für jeden der Holperer-Buben einen Beutel gefüllter Schokoladenwürfel in der Hand, eine Leckerei, die es sonst auf dem Holperer-Hof höchstens an Weihnachten gab. Er packte alles dem Jörg auf den Arm und beauftragte ihn, es gerecht an die Brüder zu verteilen.

»Jetzt müsste die Rosi eigentlich ihren Mittagsschlaf halten, aber bei so einem seltenen Besuch tut sie es wohl nicht. Unter der Woche kommt sie nicht dazu, aber am Wochenende bestehe ich darauf. Ich will doch noch lang eine hübsche Frau auf dem Holpererhof haben«, lachte der Hannes.

Sein Bruder gab gern zu, dass Rosi aussah wie eine Fünfundzwanzigjährige und kein Mensch der Welt glauben konnte, dass die fünf Buben alle ihre waren. Und plötzlich ernst werdend, setzte er hinzu: »Weil ich eine Stunde vor dir auf die Welt gekommen bin, gehört mir der Sperberhof. Dir aber gehört das Glück, Hannes – und ich meine, das ist nicht weniger.«

Plötzlich legte sich ein Schatten über die Runde. Der Hannes legte seine schwere Holzerhand auf die seines Bruders, sagte aber nichts. Doch der Bruder musste reden und wollte auch reden. Schließlich hatte er nur einen Bruder auf der Welt, und vor dem hatte er keine Geheimnisse. Er soll von ihm hören, wie es stand auf dem Sperberhof, nicht von anderen Leuten.

»Dass mir die Bäuerin davon ist, das wisst ihr ja. Das hat euch die Mutter geschrieben. Sie wird auch nicht wiederkommen, und käme sie wieder –«, sein Gesicht verfinsterte sich so sehr, dass Hannes und Rosi erschraken – so kannten sie Sebastian überhaupt nicht, noch nie hatten sie ihn so erlebt! Doch sofort verflog der Zorn in seinem Gesicht wieder und er sprach weiter:

»Spät, zu spät hab ich erfasst, dass ich die beste Bäuerin gehabt hätte, wenn ich die Ursula gefragt hätte. Aber ich hab's versäumt. Sie ist mir immer mehr wie eine Schwester gewesen, wie ein Schulkamerad. Die beiden Alten haben auch kein Wort gesagt. Haben vielleicht im Stillen gehofft, dass ich eine große Bauerntochter auf den Hof bringe. Aber es hat halt alles anders kommen sollen. Scheiden kann ich mich nicht lassen, weil keiner weiß, wo Eva ist. Ich würde nur wieder heiraten, wenn ich die Ursula bekäme. Aber der hat ein Lenggrieser Zimmermann den Kopf verdreht. Da komm ich zu spät. Und recht geschieht es mir. Ganz recht. Ein größeres Rindvieh als mich findet man sicher in der ganzen Gegend nicht mehr. Was die Ursula für den

Sperberhof seit zwanzig Jahren ist, das weißt du ja selber. Nie mehr krieg ich eine ähnlich Fleißige auf den Hof. Aber damit muss ich mich abfinden. Nur mit einem find ich mich nicht ab – dass ich ohne Hoferben bin. Und da hab ich mir gedacht – versteht mich nicht falsch –, ich bitte euch um einen eurer fünf Buben. Als Hoferben, mein ich!«

Die Rede lag im Raum, schwer wie ein Felsblock. Der Sperberhofer sah, wie die Gesichter neben ihm blass wurden. Geradezu entsetzt starrte die Schwägerin ihn an, und ihre Hand, die auf dem Tisch lag, fing an zu zittern. Keiner sagte ein Wort. Eine Stubenfliege surrte gegen das Fenster, durch das die Sonne glänzte, das war der einzige Laut in der Stube.

Sebastian wurde in der Stille immer unbehaglicher zumute. Da hatte er geglaubt, er bringe so etwas wie Glück auf den Holperer-Hof am Tegernsee, wenn einer der fünf Buben Sperberhofbauer werden konnte. Ja, hätte er selbst denn seine Maria hergegeben? Und wenn sie Königin werden könnte, er würde es nicht übers Herz bringen!

Und wenn er fünf Marias hätte, es wäre ihm wohl eine jede gleich ans Herz gewachsen. Plötzlich kam er sich vor wie ein Einbrecher in einen Hort des Friedens. Er räusperte sich und sagte: »Ich seh es euch an – ihr könnt euch von keinem trennen. Glaubt mir, ich kann's verstehen. Vergesst, was ich gesagt hab!«

Die Schwägerin entspannte sich merklich, und auch sein Bruder konnte eine erleichtertes Aufseufzen nicht unterdrücken. Niemals hätte er einen seiner Söhne hergegeben, aber wie hätte er das Sebastian sagen können, ohne ihn zu kränken? Wo der doch Kummer genug am Hals hatte!

Ruhig und manierlich kam der Martin durch die Tür, die Jüngeren im Gänsemarsch hinter ihm drein, und er ging mit ausgestreckter Hand auf den Onkel zu und bedankte sich. Da lachte der Onkel, hob den Kleinsten zu sich auf den Schoß, und die Mutter sah, wie ein schmerzliches Zucken um seine Mundwinkel lief, und von ganzem Herzen wünschte sie, dass er eines Tages einen eigenen Sohn so auf den Knien halten möge. Nur eines ihrer Kinder wollte sie auf keinen Fall weggeben müssen für ganz – nur das nicht!

»So, und jetzt wollen wir dem Onkel zeigen, was wir können, was, Jungs?«

Der Holpererhof-Bauer stand auf vom Tisch, holte die Zither aus dem Wandschrank, und die fünf Buben eilten in ihre Zimmer und holten ihre Instrumente, um, wie jeden Sonntag nach dem Essen, eine Stunde zu musizieren. Der Martin auf der Ziehharmonika, der Michel auf der Gitarre, der Thomas auf der Klarinette, der Matthias beherrschte das Hackbrett und der Kleine, der Fünfjährige, die Flöte. Im Winter wurde dann Abend für Abend auf dem Holpererhof Musik gemacht, und keine schlechte. Einfache, alte Melodien waren es, und das Spiel klang zusammen wie aus einem Guss.

So schön wie heut hatte der Sperberhofer seines Bruders Familie noch nie musizieren hören. Ihm war, als sitze das vollkommene Glück in der gemütlichen Stube, und es wäre Wahnsinn gewesen, ein Stück davon herausreißen. Der eigene Schmerz verlor an Bitterkeit in dieser Stunde, er begriff staunend, dass ein Mensch reicher werden konnte, je mehr er am Glück anderer sich mitzufreuen vermochte.

Nach dem Musizieren durften die Holpererbuben zu den Nachbarkindern zum Spielen. Der Sperberhofer schaute ihnen mit leiser Wehmut durchs Fenster nach. Der Stall wurde noch besichtigt mit den fünf Milchkühen. Über einer jeden hing braungestrichen die Milchleistungstafel, der blitzsaubere Schweinestall mit zwei Ferkeln, der Schafschuppen, sauber, wie aufgeleckt. Das neue Schuppendach wurde begutachtet und der Obstgarten, in dem der Hannes erstklassiges Edelobst zog, das sich bereits bestens bewährt hatte.

Die Rosi war in der Küche geblieben und hatte, während die Männer Besichtigung abhielten, schnell zwei Tortenböden mit Waldhimbeeren belegt, guter Kaffee verströmte bereits seinen Festtagsduft, den gab's auf dem Holpereranwesen nur, wenn lieber Besuch kam. Während der übrigen Zeit gab's selbstgebrannten Gerstenkaffee mit viel Milch und eingebrocktem Hausbrot.

Als die Männer zurückkamen und es sich schmecken ließen, als die Sonne langsam hinter den Waldmauern unterging und das Vieh im Stall unruhig wurde, brachte der Holperer seinen Bruder zum Bus. Feste haben ein kurzes Leben, wenn es wirklich Feste bleiben sollen. Der Holperer hatte sich keinen Wagen zugelegt, und er hatte es noch nie bereut. Keiner von seinen Holzerkameraden war widerstandsfähiger gegen Krankheiten als er, der täglich auf seinem Rad zur Arbeit fuhr. Der Sebastian hatte ihm einmal eine größere Summe angeboten zu einem Wagen, dass er es leichter habe. Doch Hannes hatte nichts davon wissen wollen.

Seit die Rosi von ihrer bunten Schafwolle Skimützen strickte mit breiten Ohrenschützern und diese von den Fremden nur so aus dem Schaufenster gerissen wurden, war immer Geld im Haus. Die zwei größeren Buben halfen schon mit, seit sie vom verkauften Strickgut Prozente bekamen. Das Spinnrad surrte im Holpererhaus lustig, die Kleineren wanden die Wolle auf Knäuel, und der grob gesponnene Wollfaden ergab etwas ganz Besonderes, etwas, das man nirgends sonst in dieser Art bekommen konnte. Die Form, die Bearbeitung und Farbenzusammenstellung war allein ihre Idee. Jeden Winterabend schaffte sie eine Mütze mit ihren kleidsamen, warmen Ohrenschützern, und die Geschäftsinhaberin, welche sie ausstellte, meinte, sie könnte viel mehr verkaufen, wenn sie nur geliefert würden.

All das erzählte der Hannes dem Bruder, als sie gemeinsam der Haltestelle zuschritten, und noch viel mehr. Zum Beispiel, dass der Martin, der Älteste, gern Jäger werden wolle, dass er jede freie Minute beim Nachbarn sei, der seit dreißig Jahren die Jagdkarte habe, dass der Michel ein angeborenes

Talent zum Schnitzen beweise und er ihn auf die Mittenwalder Schnitzschule geben wolle, dass der Thomas schon zum zweiten Mal die besten Noten in der Klasse gehabt habe und der Lehrer meinte, aus ihm könnt noch ein Studierter werden. Der Matthias, der Sechsjährige, wollte sich ganz auf die Strickerei werfen, später einmal nicht nur handgestrickte Mützen machen, sondern auch Jacken und Westen für die Fremden. Und der fünfjährige Jörg würde, so Gott wollte, einmal den Holperer-Hof übernehmen. Schon jetzt kümmerte er sich am meisten ums Vieh und die Ställe. Es sei zwar kein Sperberhof, aber groß genug, um einen fleißigen Mann und seine Familie zu ernähren. Der Sperberhofer nickte dazu und gönnte dem Bruder sein Glück von Herzen.

Im Vorbeigehen sah er den See liegen, die Tegernseer Berge ringsum, das liebliche weite Tal, das ihm selber nur zu laut und zu überlaufen erschien.

Die beiden Brüder legten sich die Hände auf die Schultern, bevor sie auseinander mussten, und lange noch stand der Hannes am Wegrand und winkte hinter dem Bus drein.

11

Die Ursula, mit der Maria im Arm, hatte dem Bauern nachgewinkt, bis er um die Tannwaldecke verschwunden war. Die Maria wollte betrübt wissen, warum der Vater sie nicht mitgenommen habe. Aber die Ursula erklärte ihr, dass es ein weiter Marsch sei, den der Vati mache, zu weit für ein kleines Mädchen. Und mit dem voll gepackten Rucksack könne er unmöglich noch ein Kind auf die Schultern nehmen, auch wenn das nur so leicht sei wie ein Federchen. Und sie schubste die Maria lachend hoch in die Luft, um ihr zu zeigen, dass sie wirklich federleicht sei. So vergaß das Kind seinen Kummer und fragte nach Papier und Kohlestift. Die beiden hatten nämlich ein Geheimnis miteinander. Die Maria wollte für den Vati zu Weihnachten die Gerdi und Lisa zeichnen, wie sie nebeneinander auf der Weide lagen.

Die Ursula konnte sich nur wundern, wie das Kind mit einer unverständlichen ruhigen Sicherheit Linien zog, Schatten zeichnete, und wie sich daraus immer mehr, immer deutlicher der Leib und Kopf eines Pferdes formten. Wie die Maria, blass vor Eifer und ganz ihrem Tun hingegeben, plötzlich sagte: »Die Augen sind falsch! Warum sind die nicht so, wie sie wirklich aussehen? Und Lisa hat ganz andere Augen als Gerdi!«

Und kurz darauf jubelte sie auf. »Jetzt hab ich's, Ursula, schau! Ist das die Lisa oder die Gerdi?«

Die Ursula, die den Atem angehalten hatte beim Zusehen, sagte ganz leise: »Es ist die Gerdi, Maria, die Gerdi! Ja, Maria, du bist ja eine Künstlerin! Wenn das die Großmutter noch erlebt hätte!«

Dieser Sonntag in einem sonnentrunkenen, föhndurchwehten November hatte es in sich, denn an diesem Tag schloss Maria auch eine neue Freundschaft.

Die Sonne stand nicht mehr ganz hoch am Himmel, sie neigte sich bereits den westseitigen Bergen zu. Da sah die Ursula, die auf der Südseite des Hauses auf der Bank saß, den Flickkorb neben sich, dass ein älteres Ehepaar auf den Hof zukam, und sie freute sich, als sie die beiden erkannte. Der Rechtsanwalt Luscha und seine Frau waren vor Jahren immer wieder als Sommergäste auf dem Sperberhof gewesen und verlebten nun ihren Lebensabend im nahen Lenggries, von wo sie hin und wieder zum Sperberhof kamen. Dort baten sie um ein Glas frische Milch und ein Stück hausgebackenes Bauernbrot, mehr nicht. Man sah sie immer wieder gern kommen. Die Ursula stand auf und ging ihnen ein paar Schritte entgegen, um sie zu begrüßen. Die Maria sah von den Lämmern auf, mit denen sie spielte und kam herbeigeeilt, als sie sah, dass das Paar heute einen neuen Begleiter bei sich hatte, einen kleinen Hund, einen Rauhaardackel namens Wastl, wie die Frau Luscha ihr freundlich erklärten. Der Dackel sei noch jung und verspielt und würde sich sicher gerne mit ihr anfreunden. Es vergingen keine fünf Minuten, und Kind und Hund rannten fröhlich miteinander über die Wiese, während die Besucher sich im Freien niederließen und Ursula ihnen einen Krug frischer Milch und Butterbrote holte.

Da saßen sie nun alle drei und beobachteten schmunzelnd Kind und Hund, die sich so ausnehmend gut verstanden. Schließlich wollte das Paar wieder aufbrechen. »Wastl« rief die Frau mehrmals, aber erst als ihr Mann aufstand und auf den Fingern einen lauten Pfiff ausstieß, kam der ungetreue Wastl angetrabt, gefolgt von Maria, die ganz betrübt war, weil ihr Spielkamerad so schnell wieder gehen sollte.

So geknickt sah das kleine Mädchen drein, dass die Frau sie trösten wollte und fragte, ob sie den Wastl vielleicht im Winter für ein paar Wochen in Pflege nehmen wolle. Da müssten sie und ihr Mann beide zur Kur, und dorthin könnten sie den Dackel nicht mitnehmen. Da rief Maria so begeistert: »Ja!«, dass Ursula den Besuchern ohne Zögern ihr Einverständnis gab. Der Bauer habe sicher nichts dagegen, und sie und Maria würden sich gut um den kleinen Kerl kümmern. Maria verabschiedete sich strahlend von den Leuten und dem Hund und winkte ihnen noch nach, so lange sie sie sehen konnte.

Es war Stallzeit, heute traf alle Arbeit die Ursula allein. Der Bauer war noch nicht zurück von

Gmund. Vielleicht blieb er auch über Nacht im Holperer-Hof. Sie gönnte es ihm. Mochte er sich freuen an den fünf Buben. Welchen der Hannes und seine Frau ihm auch von den fünfen geben würde, es konnte kein Missgriff sein, gut erzogen waren sie alle. Sie auf jeden Fall würde gut zu ihm sein und ihm alles tun, was seine eigene Mutter auf dem Holperer-Hof auch tat. So überlegte sie, während ihre Hände den Dung beiseite schafften, die Euter der Kühe säuberten und die Melkmaschine ansetzten.

Ihre Gedanken gingen andere Wege. Die Altbäuerin hatte dem Sebastian zugeredet zum Wiederheiraten. Und zuletzt hatte es auch sie selber getan. Aber wer konnte ihm verdenken, dass ihm noch nicht danach zumute war! Niemals hatte er seit dem Tag, da die junge Bäuerin aus dem Haus gegangen war, ein einziges Wort darüber geredet. Der Sebastian verschloss alles in sich. Oh, wie sie ihn verstehen konnte! Litt sie doch selber an der Liebe zu ihm. Es war ganz heimlich gekommen, ganz ohne dass sie etwas dazu getan hätte. Wenn der Sebastian in ihrer Nähe war, klopfte ihr das Herz. Wenngleich es Unsinn war, was ihr die Träume vorgaukelten, wenn sie auch wusste, dass der Sebastian noch nie die Frau in ihr gesehen hatte, ihr Herz richtete sich nicht danach.

Und nun war da der Zimmerer von Lenggries, ein Mann gut zum Anschauen, der nur die Hand auszustrecken brauchte um eine Jüngere und Schönere als sie. Immer wieder wartete er vor dem Kirchentor, wenn sie sonntags zur Frühmesse kam. Und immer wieder fragte er das Gleiche. Ob sie nicht seine Hausfrau werden wolle, es würde ihn glücklich machen. Er habe zwei Jahre lang seine Frau leiden sehen an Krebs, und dabei zuschauen müssen, ohne helfen zu können, das sei härter gewesen als alles andere. Er hätte nun ein bisschen Glück ehrlich verdient. Und immer wieder sagte sie ihm, dass die auf dem Sperberhof nicht weitermachen konnten ohne sie. Sollte die Bäuerin eines Tages zurückkommen, so konnten sie noch mal miteinander reden. Versprechen könne sie aber nichts.

Über dreiunddreißig war sie nun, und noch nie hatte ein Mann sie im Arm gehalten. Sie hatte ihr Leben nur in der täglichen Arbeit gesehen, den Pflichten und Sorgen, die der Hof mit sich brachte. Der einzige Mann, den sie liebte, hatte eines Tages eine Fremde auf den Hof geholt. Sie hatte erkennen müssen, dass diese Fremde ihn zu einem glücklichen, lachenden Menschen zu machen vermocht hatte, wenn auch nur für kurze Zeit. Und als die Maria geboren war, war es gewesen, als ob sie ihr eigenes Kind war, da die Bäuerin sich nicht um sie kümmerte. Sie hatte kein Recht, sich zu beklagen.

Und nun würde der Sebastian noch ein zweites Kind auf den Sperberhof bringen. Auch dieses Kind würde sie lieben können – lieben müssen. Ihr Leben würde wieder um ein Stück reicher werden.

Die Großmutter hatte einmal zu ihr gesagt: »Der weise Mensch liebt das, was er hat. Der Narr das, was er nicht hat.« Ob die Großmutter wohl etwas gewusst hatte von ihrem heimlichen Weinen, wenn die Sehnsucht nach dem Sebastian zu übermächtig in ihr geworden war? Sie hatte sie am Morgen nach einer solchen Nacht angesehen, als ob sie krank wäre, als ob man ihr etwas ganz besonders Gutes tun müsse. Nie vorher war die Großmutter so voll spürbarer Liebe zu ihr gewesen wie in der Zeit, da der Bauer die goldhaarige Fremde ins Haus gebracht hatte. Fürchtete sie vielleicht, dass die Ursula ihren Koffer packen könnte und weiterziehen? Und dachte sie dabei nur an den Hof und dass er nicht mehr in so guten Händen sei wie bei der Ursula? Wie gern wüsste sie das! Wie gern!

Die Kuh wendete den Kopf nach ihr und verlangte nach der gewohnten Liebkosung. Die Tiere im Stall des Sperberhofes waren es nicht anders gewöhnt, als dass Ursula nach Wegnahme der Sauger ihnen den Hals klopfte und anerkennend sagte: »Brav warst wieder, ganz brav!« Die Kuh wendete den Kopf noch weiter zurück und wartete. Aber die Ursula vergaß heute zum ersten Mal das zu tun, was ihr täglich zum Bedürfnis geworden war.

Sie stand da und lauschte, ob sie den Schritt des heimkommenden Bauern schon vernehmen konnte. Es war die Zeit, wo er allmählich eintreffen musste. Der letzte Omnibus von Tegernsee und Bad Tölz traf in Lenggries um siebzehn Uhr ein. In gut einer Stunde Fußmarsch war man auf dem Sperberhof. Sie hatte ihm Leberknödel und Sauerkraut warm gestellt im Rohr, er würde es finden. Noch waren die Brandi zu melken und die Bless, die Kälber zu tränken und die Schweine zu füttern. Einer jeden Melkkuh wollte sie noch eine Portion Silofutter nachgeben, sie waren ganz heiß darauf. Nach dem Tränken würde es dann still im Stall werden.

Die Altbäuerin und die Maria mussten auch versorgt werden. Das Kind bekam noch jeden Abend seine Beinmassage in einem Sud von Eichenrinde, Zinnkraut und Huflattich.

Der Sperberhofer ging heimzu mit beschwingtem Schritt. Groß und klar standen die Sterne am dunklen Zelt des Himmels, und im Jungwald raschelte es durch die Zweige. Wenn man stehen blieb und den Atem anhielt, hörte man die Isar hinter der weiten Au geruhsam vorüberziehen ins freie Land hinaus. In Sebastian Troller aber rumorte es. Den ganzen Tag hatte er nachgedacht, und nun musste er einen Entschluss fassen. Wenn auch alles falschgelaufen war seit Jahren, wenn er auch für seine Dummheit Prügel verdient hatte, so hat ihm keiner verwehrt, das zu tun, was er vor zehn Jahren schon hätte tun müssen. Hintreten vor die Ursula und fragen, ob sie ihn heiraten wollte.

Der Zimmerer und die Ursula waren noch nicht aufgerufen zur Hochzeit, noch nicht im Aushang, er hatte sicherheitshalber nachgesehen. Immer klarer war ihm am heutigen Tag geworden, dass Ursula die Frau war, die er immer schon gebraucht hätte, doch wie ein Blinder war er an ihr vorbeigelaufen. Wenn sie ja sagte, die Ursula, sollte sie es nicht bereuen. Nie sollte eine Bäuerin auf dem Sperberhof es besser gehabt haben als sie.

Immer weitausholender wurden seine Schritte. Als er um die Waldecke bog und seinen Hof im Sternenlicht liegen sah, brannte nur noch oben im Kinderzimmer Licht. Er spürte einen leisen Stich, denn offenbar hatte die Ursula nicht wie sonst auf ihn gewartet und die Lichter der Küche und der Stube waren bereits gelöscht.

Plötzlich müde geworden, setzte er sich auf den breiten Baumstumpf, den sein Vater einmal stehen gelassen hatte für müde Wanderer. Moos wucherte darauf und Efeu, Waldbeeren und Hasenklee.

Da hockte er nun und fröstelte im kalten Nachtwind, und zum ersten Mal in seinem Leben mochte er nicht heim. Er hatte es sich so schön ausgemalt, wie er heimkommen und sie sofort fragen würde, ob sie seine Frau werden wolle. Aber nun hatte sie nicht auf ihn gewartet, und hatte er sich außerdem vielleicht nicht doch etwas vorgemacht? Vielleicht würde die Ursula ja auch »Nein« sagen und doch lieber Frau Meisterin werden in Lenggries, und der Zimmerer, der Glückliche, könnte dann darüber nachgrübeln, warum der Sperberhofer nicht vor ihm zugegriffen hatte.

Der Hannes, sein Bruder, ja, der hätte das anders angefangen als er selbst! Der hatte bei seiner Rosi mit gemeinsamem Musizieren angefangen, sie mit seinen lustigen Augen nicht mehr losgelassen und sie dann, als es sich ergeben hatte, einfach in die Arme genommen. Einfach so! Der Hannes verstand nun einmal etwas von den Frauen, er selbst aber nicht.

Und wie er so saß und grübelte, sah er in der Stube daheim das Licht aufflammen. Dafür war es oben, in Marias Zimmer, ausgegangen. Er wurde sich gar nicht bewusst, dass er aufgestanden war und, wie an einem unsichtbaren Faden gezogen, seinem Hof zuging, so heftig klopfte sein Herz.

Als er durch die Tür kam, saß die Ursula auf der Ofenbank, das Strickzeug in der Hand. Im riesigen Kachelofen knisterten die Kloben, die Standuhr mit der Jahreszahl 1712 tickte, wie sie es immer getan hatte, seit er denken konnte. Es war der alte Zauber, den die Stube an dunklen Abenden ausstrahlte, auch in dieser Stunde der Entscheidung.

»Guten Abend, Ursula«, sagte er, und seine Stimme kam ihm vor wie die eines Fremden.

Ihre großen, dunklen Augen wandten sich ihm erfreut zu. »Schön, dass du da bist, Sebastian!« Mit diesen Worten stand sie auf, um in die Küche zu gehen und sein Essen zu holen.

Da trat er ihr in den Weg.

»Ursula, ich bitte dich – bleib! Ich muss mit dir sprechen. Ich hab mit dem Hannes und der Rosi geredet, aber sie wollen keinen von ihren fünf Buben hergeben, und ich habe begriffen, dass es keine gute Idee von mir war. Es wäre, als ob ich die Familie auseinander reißen würde, und das will ich auf keinen Fall. Sie sind so glücklich miteinander.«

Die Ursula schaute ihn groß an und nickte dann. »Das hatte ich mir schon gedacht, Sebastian. Wer gibt schon eines seiner Kinder her, wenn die Not nicht zum Himmel schreit!«

Mit diesen Worten ging sie aus der Stube, und er hörte ihren leichten Schritt und lauschte ihm nach. Sie kam gleich darauf wieder herein, stellte die Deckelschüssel auf den weißen Ahorntisch, und der Duft der Leberknödel mit Sauerkraut stieg auf, so verführerisch, dass einem das Wasser im Mund zusammenlaufen konnte. Aber der Sebastian setzte sich nicht vor den Teller. Er ging Schritt für Schritt auf die Ursula zu, deren Herz heftig zu klopfen begann. Sein Blick verriet ihr, was er sagen wollte.

Die Ursula musste sich auf die Wandbank setzen, so versagten ihr plötzlich die Beine. Da war er schon bei ihr, fasste nach ihren Händen und drückte sie vor Nervosität so heftig, dass sie einen leisen Schmerzenslaut ausstieß.

»Ursula«, begann er und seine Augen sahen sie an, wie er vor acht Jahren seine eben angetraute junge Frau angesehen hatte. »Ursula, sag nicht nein. Ich bitte dich tausendmal, sag nicht nein! In dieser Stunde weiß ich, wie schwer du es gehabt hast, neben mir herzuleben. Mir sind die Augen erst aufgegangen, als du vom Zimmerer in Lenggries geredet hast. Ursula, eins ist sicher. Er kann dich nicht lieber haben als ich. Ich will die Scheidung betreiben mit allen Mitteln. Irgendwo muss man sie doch finden können, die Eva. Und dann will ich dich heiraten, Ursula.«

Die Ursula sah den Sebastian strahlend an. Ganz benommen von der unverhofften Freude gab sie zu bedenken: »Sebastian, sie kann zurückkommen, dann steh ich wieder abseits, allein, das wär noch härter – das wär das Bitterste.«

Da wandelte sich das Gesicht des Mannes, der eben noch wie ein Zwanzigjähriger gewirkt hatte, er schaute weit über sie hinweg und stieß hervor: »Ich möchte ihr nicht raten, dass sie wiederkommt! Ich jage sie sofort aus dem Haus.«

Mit weit aufgerissenen Augen starrte die Ursula den Mann an, der plötzlich ein Fremder auf sie wirkte. Da sah sie, wie in seinen Zügen der Schmerz den Hass in den Schatten stellte, wie seine Augen zu brennen anfingen und seine Hände ihre eigenen freigaben. Wie seine Schultern sich zusammenzogen, als wäre ihm die Brust plötzlich eingesunken. ›Wie muss er die Eva geliebt haben, dass er sie nun derart hassen kann‹, durchzuckte es sie. Und sie sagte aus dem unerschöpflichen Reichtum ihrer Menschlichkeit heraus: »Sebastian, denk nicht so hart. Vielleicht hat sie längst eingesehen, was sie alles aufgegeben hat. Sie ist noch so jung, jünger als wir beide.«

Der Mann richtete sich auf, er hatte im Gesicht der Ursula das Erschrecken wahrgenommen, hatte gesehen, dass sie ein wenig vor ihm zurückgewichen war wie vor einem Fremden. Und er stieß hervor: »Keiner sonst weiß es, Ursula. Auch meine Großmutter hat es nicht erfahren, und vor der hab ich nie ein Geheimnis gehabt. Du aber sollst es wissen, du musst es wissen, dass kein falsches Mitleid mit dieser – mit der Eva aufkommt in dir.«

Er brach ab, suchte nach den richtigen Worten, dann wandte er sich ihr zu und fing an: »Als sie mir gesagt hat, dass sie ein Kind erwartet, bin ich der glücklichste Mann unter der Sonne gewesen. Dann ist die Maria gekommen, ich hab sie gern gehabt, auch als sie den Buckel noch hatte. Aber sie hat das Kind gehasst, die Maria hat sich vor ihr gefürchtet. Gebettelt hab ich um ein zweites Kind, und das war nie meine Art, das Betteln. Dann ist sie wieder schwanger gewesen, und mit dem Kind im Leib ist sie auf und davon zu diesem Studenten, in den sie sich vergafft hatte. Das alles hätte ich vergeben und vergessen, wenn sie wiedergekommen wär mit meinem Kind. Aber, der Student hat's mir gesagt, sie hat es abtreiben lassen.« Er schwieg und fuhr sich mit einer nervösen Handbewegung durchs Haar. Dann wandte er sich wieder an sie: »Ursula, verstehst du jetzt, warum du keine Angst zu haben brauchst, dass sie mich mit ihrem goldenen Haar, ihrer milchweißen Haut und ihren lockenden Augen nochmal verhexen kann? Es ist besser, wenn ich sie nie wieder zu sehen bekomme, aber nur, weil ich Angst haben müsste, dass ich mich vergesse und ihr etwas antue. Die Großmutter hat auf dem Sterbebett zu mir gesagt: ›Hab keinen Hass.‹ Sie war eine weise und gütige Frau, meine Großmutter, aber so leicht kann ich das einfach nicht verwinden, was die Eva mir angetan hat.«

Die Ursula schaute Sebastian an, betroffen über sein Bekenntnis, und musste denken: ›Ich muss ihm viel Liebe geben, wenn er das Lachen wieder lernen soll – viel Liebe! Die heilt alles.‹

Als hätte der Mann ihre Gedanken erraten, streckte er wieder seine Hände nach ihr aus. Ursula ergriff sie, drückte sie innig und sagte:

»Deine Leberknödel, Sebastian!«

Aber der schüttelte den Kopf und sagte entschieden: »Nachher, Ursula, nachher! Erst muss ich wissen, ob du die Meine werden willst, ob du den Erztrottel, der ich gewesen bin all die Jahre, in denen ich dich nicht beachtet habe, nicht verachtest. Kinder von uns könnten schon über den Hof springen, gesunde und fröhliche Kinder. Du wärst jung Mutter geworden und nicht erst zwischen dreißig und vierzig. Und ich hätte nicht das Herz voll Bitternis wie jetzt. Alles, alles wäre anders geworden, wäre ich nicht so ein gottverlassener Narr gewesen!«

Da legte sie den Arm um ihn und sagte ruhig: »Sebastian, wir beide sind noch jung genug, das alles zu vergessen und neu anzufangen. Du bist der einzige Mann, den ich je geliebt hab, und wirst es auch bleiben. Lieber bin ich Magd gewesen auf dem Sperberhof und täglich in deiner Nähe, als die Ehefrau von einem anderen. Auch der Fliesenleger Meierle vom Walchensee hat mich vor fünf Jahren schon gefragt, ob ich Frau Meisterin werden möchte.«

Der Sebastian glaubte ihr sofort. Wieder einer, der nur zwei Tage auf dem Sperberhof zu tun gehabt hatte und sofort erkannt hatte, was für ein Juwel da zu holen war. Er hatte eine ganze Jugend dafür gebraucht.

Aber nun – nun sollte es anders werden! Wenn einer ihn fortzureißen vermochte vom Grübeln, dann war sie es. Er presste die Ursula an sich, dass ihr beinahe der Atem wegblieb, und obwohl das Glück sie fortspülen wollte wie ein Sturzbach, klammerte sie sich an die Erde. Liebevoll sagte sie ihm nah ins Gesicht, sich dabei sanft aus seinen Armen lösend:.

»Sebastian – nicht – nicht jetzt! Viele Nächte hab ich wach gelegen und mich nach dir gesehnt. Geweint hab ich auch und mich gefragt, warum ich nicht fortgehe vom Sperberhof. Aber nun sollten wir auch warten, bis wir geheiratet haben. Oder soll unser – soll dein Kind als Lediges auf die Welt kommen und im Geburtsschein deines Hoferben stehen ›Ist geboren als Sohn der ledigen landwirtschaftlichen Arbeiterin Ursula Ried‹?«

Der Mann starrte sie mit großen Augen an und sagte betroffen: »Ursula – daran hab ich gar nicht gedacht. Aber du hast Recht. Ich danke dir, dass du stärker bist als ich. Nun will ich die Scheidung betreiben mit allen Mitteln. Scheidungsgründe gibt es mehr als genug. Wenn die Behörden in Hamburg sie nicht aufspüren können, dann muss ein Privatdetektiv nach ihr suchen. Ihre Freundin in München, ein prächtiges Mädel, hat mir geschrieben, dass sie nach der Abtreibung bei ihr gewesen sei, aber ihre Wohnung im Zorn verlassen habe, als sie bei ihr kein Verständnis für das, was sie getan hatte, gefunden habe. Seitdem habe sie nichts mehr von ihr gehört. Auch ihr habe sie gesagt, dass sie zu ihrem ersten Freund nach Hamburg führe. Ich werde sie fragen, ob sie den Namen des Mannes kennt, und dann werden wir sie schon finden.«

Die Ursula erinnerte ihn, immer noch strahlend: »Aber vergiss nicht deine Leberknödel, sie sind besonders gut heute!«

Sie setzte sich noch zu ihm an den schweren Tisch, glücklich verfolgte sie jeden Bissen, den er zum Mund führte. Von Maria erzählte sie ihm, die heute innige Freundschaft geschlossen hatte mit dem neuen Widder, der ihr schon aufs Wort folge und nachlaufe wie ein Hündchen. Sie habe gehört, wie Maria zu ihm gesagt habe: »Moritz, sei du gut zu meinen Schäfchen. Wenn ich seh, dass du eins boxt, dann hab ich dich überhaupt nicht mehr lieb.«

Bei diesen Worten wurde das Gesicht des Mannes hell, er hielt mit dem Essen inne, schaute die Ursula liebevoll an und stellte fest: »Ursula, dass das Kind so geworden ist wie jetzt, das verdanke ich am meisten dir. Du bist ihm Mutter gewesen vom ersten Tag an, hast deine Nachtruhe geopfert, ohne ein Wort darüber zu verlieren, deinen Feierabend, deine Sonntage – ach Ursula! Auch wenn ich hundert Jahre werden sollte, gutmachen kann ich das nie.« Dann schob er den leeren Teller zurück, stand auf und sagte: »Ich will noch nach der Gerdi und der Lisa schauen, die zwei kommen nicht zur Ruhe, bevor ich ihnen den Hals getätschelt und mit ihnen geredet habe.«

Er zog die Schublade unter der Ahornplatte heraus und nahm zwei Stückchen Zucker und meinte verschmitzt lächelnd: »Wenigstens meine zwei Pferde sollen am heutigen Tag was Süßes haben.« Und er schaute die Ursula dabei an mit Sehnsucht. Sie aber lächelte ihr gutes, entwaffnendes Lächeln und meinte: »Um so schöner ist's nachher. Vielleicht, Sebastian, ist die Vorfreude überhaupt das Schönste im Leben.«

12

Die Maria stand auf mit dem Gedanken an den Wastl und legte sich abends ins Bett mit demselben Gedanken. Der Lisa und Gerdi, dem neuen Widder und ihren acht Herbstlämmlein hatte sie schon erzählt, dass der Wastl wiederkommen würde um die Zeit, wo der heilige Nikolaus auf den Rauchenberg steigt. Dann dürfe es in einem gepolsterten Körblein neben ihrem Bett schlafen, sie allein würde ihm das Futter geben und mit ihm spazieren gehen. Es werde das alles so schön sein wie im Himmel. Und sie werde den Wastl zeichnen, so schön wie nie etwas vorher, und der Vater werde einen Rahmen um das Bild machen.

Die Zeit verging wie im Flug. Anfang Dezember wurde Wastl wie versprochen gebracht. Maria und der Hund waren von der ersten Minute an unzertrennlich, und sie sorgte für ihn »wie eine Große«, wie ihr Vater und Ursula nicht müde wurden, sie zu loben, worauf das Mädchen sehr stolz war.

Weihnachten rückte immer näher, und es wurde Zeit, einen Christbaum zu besorgen. So ging Sebastian an einem klirrend kalten Nachmittag in den Wald, um einen passenden Baum zu suchen. Während er so lief und Ausschau hielt nach einer unterwüchsigen Weihnachtstanne, hörte er von weiter unten her einen klagenden Laut. Ob von Mensch oder Tier ausgestoßen, war nicht zu unterscheiden. Skifahrer hatten hier, im Sperberhofwald, nichts zu suchen. Der alte Förster beim Underberg, hoch an Jahren, aber noch tatkräftig wie ein Junger, kam höchstens in seinen Wald, wenn er ein angeschossenes Wild suchen musste, aber das kam selten vor, ganz selten.

Vielleicht war das ja ein Christbaummarder wie der, der vor Jahren zehn zwanzigjährige Tannen geköpft hatte, um Geld daraus zu schlagen? Dem wär's ja zu gönnen, wenn er bei seinem dreckigen Handwerk zu Schaden gekommen wäre. Der Sperberhofer stand still und lauschte. Aber da war nur die ungeheure Stille, der kaum wahrnehmbare Atem der Tannen, die untergehende Sonne, die sichtbar täglich mehr gegen Süden rückte, ein kurzer Hupton von der Jachenauer Straße herauf, sonst nichts.

Eben wollte Sebastian umkehren, da hörte er den Laut wieder. Diesmal jammervoller als zuvor. Ein Hilferuf war es nicht, aber es klang, als ob er von einem Menschen gekommen war.

Vielleicht war der Christbaumdieb, wenn es denn einer war, heruntergefallen vom Baum, hatte Schmerzen, aber wollte sich nicht bemerkbar machen? Aber wie auch immer, liegen lassen in dieser Eisnacht konnte man ihn nicht. Das wäre sein sicherer Tod, und es wäre unverzeihlich gewesen, nicht wenigstens nachzusehen.

Mit großen Schritten eilte der Sperberhofer talwärts der Richtung zu, aus welcher der Klageton gekommen war. Er wusste, er würde dadurch viel Zeit verlieren, er musste entgegengesetzt zu seinem Hof marschieren und dann einen riesigen Umweg machen. Aber der Gedanke, dass da draußen einer hilflos liegen könnte, wäre ihm unerträglich. Immer schneller, immer weitausholender wurden die Schritte des Sperberhofers, er gewahrte den angefrorenen armdicken Ast am Boden nicht, der ihm zur Fußangel wurde. Da er fast im Laufschritt bergab eilte, warf ihn die Wucht des Sturzes meterweit vorwärts, sein Kopf prallte an den Stamm einer alten Fichte. Den Aufschlag spürte er noch, dann nichts mehr.

Daheim auf der Ofenbank saß Regina Troller, die Altbäuerin, in der gemütlichen Stube und wärmte ihre rheumatischen Schultern. Maria war bei ihr und Wastl, der Dackel. Die Ursula war nach der Stallarbeit schnell hinunter in den Ort gelaufen, um die Störungszentrale anzurufen, dass der Apparat auf dem Sperberhof tot sei.

Sie hatte noch gemeint, der Bauer müsse jeden Augenblick aus dem Wald zurück sein, das Abendessen stehe im Backrohr.

Flinken Schrittes lief die Ursula an der Waldmauer entlang, ein tiefer Friede war in ihr, seit sie wusste, dass Sebastian endlich auch die Frau in ihr entdeckt hatte. Jeder neue Tag mit einem Berg voll Arbeit dünkte sie wie ein persönliches Geschenk Gottes.

Die ersten Sterne leuchteten auf über dem Seekar und dem Schönberg jenseits des Flusses, der

Mond kam herauf und hing wie eine runde Scheibe leuchtend am nachtschwarzen Himmel.

Die verharschten Tannen standen starr wie Wachsoldaten. Bei jedem Schritt knirschte der Eisschnee unter ihren Füßen. Es war so kalt, dass der Atem vor dem Mund erstarrte, aber es schien ihr, als wäre die winterliche Welt hier am Rauchenberg noch nie so schön, so wunderschön gewesen. Sie hatte für Sebastian etwas unter den Christbaum zu legen, das ihn mehr freuen würde als ein teuer gekauftes Geschenk. Sie hatte aus Pappdeckel und Samtresten eine Mappe genäht, in der sie jede Zeichnung von Maria gesammelt hatte. Auf eine jede hatte sie das Datum geschrieben. Es waren Blätter dabei, über die man nur staunen konnte. Das Mädchen bewies jetzt schon, noch ehe sie auch nur in die Grundschule gekommen war, außerordentliches Talent, um das zu sehen, musste man nicht studiert haben.

Heute war ein Schreiben aus Hamburg gekommen, dass eine Eva Troller nun aufgespürt sei. Der Scheidung stand nun nichts mehr im Wege. Nicht mehr lange, und Sebastian und sie würden Hochzeit feiern, nicht die große Hochzeit, wie sie bei Herrenbauern üblich ist, sondern klein und still werden sie feiern und dann heimfahren miteinander. Man konnte das begründen mit dem Sterbejahr der Großmutter, und jeder Isarwinkler Bauer würde es anerkennen.

Die krachende Kälte trieb Ursula immer schneller voran. Dennoch bemerkte sie, als sie beim Wirt einbiegen wollte, einen humpelnden Mann, der in einen Lieferwagen einstieg, und dann losfuhr, auf der Jachennauer Straße Richtung Lenggries, mit mindestens zehn bis zwölf stangenlangen Christbäumen beladen. Und unwillkürlich dachte sie: »Hoffentlich sind die nicht aus unserem Wald.«

Die Frau Wirtin brachte Ursula eine Tasse Kaffee und einen Lebkuchen und setzte sich zu ihr an den Tisch. Gäste waren heute keine da, und dass auf Einöden gute Nachbarschaft Gold wert war, wusste jeder. Wo die junge Bäuerin steckte, wollte die Wirtin wissen, aber die Ursula wich der Frage aus. Sofort, um weitere Fragen abzuschneiden, erzählte sie von Maria und ihrer Gabe, mit einem einfachen Stift und einem Stück Papier alles festzuhalten, was sie sah. Vom Wunder, dass das Mädchen keinen Buckel mehr hatte, redeten sie noch lange, und dass es war, als ob die Großmutter immer noch lebte auf dem Sperberhof.

Ursula ließ sich Zeit damit, wieder in die Kälte zu gehen und genoss den seltenen Plausch mit der Wirtin, die Arbeit daheim war schließlich getan und Sebastian würde auch sein warmes Essen vorfinden, wenn er heimkam. Nichts schien zur Eile zu drängen.

Die Altbäuerin, Marias Großmutter, ging mit ihr ächzend die Stiege hoch ins Kinderzimmer, betete mit ihr und sagte, nun solle sie schlafen. Das Kind versprach es, drückte den Wastl an sich und erzählte ihm noch etwas vor dem Einschlafen.

Ein weiches Lichtdämmern war um sie beide, und draußen, hinter den wundervoll gezeichneten Eisblumen der Fensterscheiben, schimmerte alle Herrlichkeit der Raunacht.

»Wastl«, sagte Maria, »glaubst du, dass der Vati sich freut, wenn er das eingerahmte Bild kriegt von der Lisa und der Gerdi? Vielleicht schaut mein Bild auch das Christkind an, wenn es unterm Christbaum liegt. Was meinst du, Wastl?«

»Hau!«, sagte der Wastl und steckte seinen Kopf mit den großen Augen interessiert aus seinem Korb.

Und Maria weiter: »Weißt du, Wastl, sehen können wir das Christkind nicht mit unseren Augen. Weil wir Menschen sind. Die Ursula sagt, wir fühlen es nur in unserem Herzen. Und du, Wastl, du kriegst auch was von mir. Was Feines!«

Lange redete Maria noch mit Wastl, aber dann wurden die beiden doch müde. Eben wollten des Kindes Augen sich schließen, da fuhr es schreckhaft empor und Wastl mit ihm. Da hatte die Urgroßmutter doch eben laut und deutlich gesagt: »Maria, geh mit Wastl den Vati suchen!«

Die Urgoßmutter, wo war denn die Urgroßmutter jetzt hin? Sie hatte sie doch eben ganz deutlich gehört! Aber die Urgroßmutter war doch im Himmel, das hatte der Vati gesagt, als man sie hinausgebracht hatte auf den Lenggrieser Friedhof.

Hellwach geworden, schlüpfte Maria in ihre warme Hose, zog den dicken Pulli darüber, die handgestrickten Wollsocken an die Füße, so hastete sie hinunter in die Stube zur Großmutter Regina, um sie um Rat zu fragen. Doch die Großmutter war auf der Ofenbank eingeschlafen.

»Wir lassen sie schlafen«, sagte Maria leise zum Wastl und legte einen Finger an die Lippen: »Psst! Ganz leise sein, sonst wacht sie auf.«

Die Wollmütze zog Maria noch über und den Wettermantel. Dann schloss sie leise die Haustür, und sie beide umfing eine Nacht, so schön wie im Traum mit ihrem Glanz, ihrem Frieden und der grenzenlosen Stille. »Wastl, wir müssen den Vati suchen – hörst du – den Vati! Die Urgroßmutter war da und hat es ganz laut gesagt. Du hast es doch auch gehört?«

»Hau-Hau!«, bestätigte der Wastl.

Es ging federnd und rasch über den steinharten Schnee, auf dem tausend strahlende Sternchen aufblinkten und, wenn man vorüber war, wieder verlöschten. Wastl trabt an der Leine voraus, das breite Näschen am eisstarren Boden. Hin und wieder blieb er aufschnaufend stehen, schaute Maria groß an, als wollte er sagen: »Alles in bester Ordnung.« Nun ging es etwas steiler bergan, und Maria begann mit einem Mal, sich zu fürchten, nicht wegen der unförmigen weißen Riesen voller Glitzerglanz, die ins Sternenzelt ragten und die im Mondlicht unheimlich aussahen. Auch nicht wegen des Mannes im Mond, auf dessen gebeugtem Buckel man deutlich den Korb Klaubholz sehen konnte. Der Vati hatte ihr gesagt, dass es keinen Mann gebe im Mond, dass der Mond ein Planet sei mit Tälern und

Bergen und, genau wie unsere Welt auch, um die ewige Sonne kreise. Der Vati redete öfter mit ihr über derlei Dinge, wenn sie auf seinem Schoß saß und vieles wissen wollte. Und nun war ihre Urgroßmutter bis vom Himmel, von so weit her, zu ihr gekommen, um ihr zu sagen, dass der Vati gesucht werden musste. Der Wastl musste am besten wissen, wo der Vati hingegangen ist. Vatis Wald war groß, sehr groß. Aber der Wastl würde ihn finden. Der Vati hatte gesagt, dass ein guter Hund eine Nase habe wie eine Antenne. Den schwächsten Geruch, den kleinsten Hauch einer Witterung finde er noch nach vielen Stunden. Und Vati war am Nachmittag in den Wald gegangen, das war noch nicht so viele Stunden her.

Maria musste verschnaufen, so sehr zerrte der Wastl an der Leine. Auch machte er hin und wieder kleine oder größere Bogen mitten in den Unterholzbestand hinein, kehrte dann aber wieder zurück auf den Holzfuhrweg. Wie bitterkalt es auch war, so kalt, dass man die Luft klingen hören konnte, Maria kam ins Schwitzen. Nun waren sie fast schon oben an der Kuppe des Berges, wo die Muttertanne stand, die über zweihundert Jahre alt war und die alle früheren Sperberhofer stehen gelassen hatten. Sie war dem Himmel am nächsten von allen Bäumen, stand im freien Licht und war grau und voll wehender Bärte, der Vati hatte ihr einmal die Muttertanne gezeigt. Bald stand sie mit Wastl davor und ihr kleines Herz schlug heftig vor Entzücken, denn unter der riesigen Tanne stand eine Hirschkuh mit ihrem Kalb, auf den hinteren Läufen stehend holte sie mit dem Maul einen armlangen Bart vom Ast und legte ihn vor sein Junges. Von hoch oben fauchte ein Eichkätzchen herunter, die Kuh aber ließ sich nicht stören.

Eine kurze Weile blieb Maria stehen, wie angerührt von etwas Wunderbarem. Aber mit einem jähen Ruck an der Leine riss der Wastl sie weiter, diesmal bergab. Keuchend hing der kleine Dackel im Riemen. Nun sah auch Maria auf der Schneedecke etwas Dunkles liegen – einen Menschen.

Das Wastl war bereits bei ihm und leckte mit jammervollen Tönen sein bleiches Gesicht.

»Vati!«, schrie Maria auf und fing an zu weinen. Der Vati lag, auf die Seite gedreht, am Stamm einer alten Tanne, die Hände weit von sich gestreckt, auf der Schneedecke. Die Handschuhe waren abgefallen, sie lagen einen Meter entfernt von ihm.

›So arm sind Vatis Hände‹, musste Maria denken. ›Gar nicht zugedeckt, und es ist doch so kalt!‹ Sie kniete sich nieder auf die starre Schneedecke und wollte Vatis Hände an ihr warmes Gesicht legen und wärmen, aber sie waren festgefroren, sie konnte sie nicht hochheben.

Eine namenlose Angst überfiel das Kind. Es wollte dem Vati das Haar aus der Stirn streichen und seinen Kopf hochheben, aber sie hatte nicht die Kraft dazu. Maria wusste, dass schreien keinen Wert haben, dass keiner sie hören würde. Fahle Dämmerung war um sie, wo die Tannen nicht zu gedrängt standen, rieselte das Mondlicht auf den Waldboden, und der

Harsch begann zu funkeln. »Vati – Vati!«, schrie das Mädchen und küsste ihres Vaters eisig starres Gesicht. Aber er rührte sich nicht. Maria bückte sich nach den Fäustlingen und deckte Vaters Gesicht damit zu. Dann zog sie den zitternden Wastl ganz nah zu sich heran, lehnte sich an den riesigen, eiskalten Baumstamm und erklärte dem Wastl: »Wir lassen den Vati hier nicht allein liegen. Wir schlafen jetzt auch ein bissl. Ich bin so arg müde.«

Das Tier aber, mit seinem sicheren Instinkt, bäumte sich auf. Es witterte den nahen Tod für sie alle, wenn sie hier liegen bleiben würden. Es riss an der Leine Maria von ihrem reglos daliegenden Vater weg und keuchte mit ihr bergab zu den Menschen, wo Hilfe zu finden war.

Die Ursula hastete heimwärts mit schlechtem Gewissen. Sebastian würde gar nicht begreifen, wo sie so lange geblieben war. Er war es nicht anders gewöhnt, als dass sie daheim war, wenn er die Tür aufmachte. Aber die Wirtin war so eine nette, freundliche Frau, es war schön gewesen, mit ihr zu reden. Und es vergingen oft Monate, bis sie einmal zu einem kleinen Plausch Gelegenheit hatte.

Im Laufschritt hastete die Ursula an der kristallenen Schneemauer entlang. Wo das Mond- und Sternenlicht darauf fiel, funkelte es wie von Edelsteinen. Der weite Sperberhof lag verschneit bis zu den Dachsparren. Nur die Lampe in der Stube verriet, dass hier Menschen lebten, ihr warmes Licht grüßte schon von weitem.

Die schwere, eichene Haustür war nur angelehnt. Sie wusste aber bestimmt, sie hatte sie eingeklinkt. Eine plötzliche Angst verengte den Hals, nahm ihr den Atem fort. Sie hetzte die Stiege hoch wie noch nie vorher, riss fast die Tür zu Marias Zimmer aus den Angeln und taumelte gegen den Türstock. Das Bett des Kindes war leer. Auch das Körberl von Wastl war verlassen.

Wie gejagt hastete sie die Stiege wieder hinunter. Maria war sicher bei der Großmutter oder vielleicht gar nicht erst schlafen gegangen, hatte auf ihre Ursula gewartet.

Auf der Ofenbank lag das Strickzeug der Altbäuerin, sie selber hatte es sich auf dem ledernen Kanapee bequem gemacht. Sie schlief so fest, dass die Ursula sie rütteln musste. Aber die alte Frau wusste von nichts. Sie habe Maria ins Bett gebracht. Das Essen im Rohr bewies, dass der Bauer nicht heimgekommen war, auch hing sein Rucksack, den er immer bei sich hatte, nicht am hirschhornenen Rechen.

»Ich hole Leute vom Ort, die uns suchen helfen können«, schrie die Ursula noch, und fort war sie. Die hilflose Regina Troller, die kaum zehn Schritte ohne Rast zu gehen vermochte, setzte sich wieder auf die Ofenbank, faltete ihre abgearbeiteten Hände, kniete nieder vor dem Kreuz im Hergottswinkel und betete.

Die Ursula keuchte im Ort von Haus zu Haus, konnte nur hervorstoßen: »Leute, um Christi Barmherzigkeit willen, helft suchen! Maria ist fort!« Der und jener aufgeschreckt aus der Abendruhe, riss noch das Fenster auf und wollte fragen, aber die Ursula war schon weiter und klingelte und klopfte an der nächsten Tür. Voller Panik dachte sie: »Vielleicht geht es um Minuten!«

Die Wirtin dachte: »Wenn dem Kind etwas zugestoßen ist, braucht man einen Krankenwagen«, und wählte sofort den Notruf.

Als die vier Männer, die der Ort stellen konnte, um die Ecke bogen beim Rauchenberger, stand der junge Rauchenberger, schwer atmend, mitten am Weg.

»Leute, an der Isar bin ich schon gewesen. Am Dobl ist die einzige Stelle, wo kein Eis ist. Es sind auch keine Spuren zu sehen, auch durch das Gesträuch, durch das sie hätte durchmüssen, ist keiner gegangen. Zur Isar ist sie nicht. Wir müssen im Wald suchen.«

»Die Ursula hetzt schon den Weg zum Wald hinauf«, sagte der Wirt. »Der Sebastian ist vielleicht hinter einem Christbaumräuber her, um den mach ich mir keine Sorgen. Du, Rauchenberger, bleibst da beim Hof und passt den Krankenwagen ab. Der wird bald da sein. Sag dem Fahrer, er soll bis zum Sperberhof fahren, dass keine Zeit versäumt wird. Und sollte das Kind auftauchen, dann schieß eine Salve in die Luft, das hört jeder. Wir gehen's jetzt an, von allen Seiten nach oben, auf den Sattel zu. Damit nichts übersehen wird, verbinden wir uns durch Zuruf. Die Nacht ist windstill und sternklar, man hört weit, es kann nicht schief gehen.«

Die Männer gingen auseinander, jeder ihrer Schritte knirschte, aber er hinterließ keine Spur.

Ursula hetzte weinend bergauf, bei jedem Schritt jagten ihr Gedanken durch den Kopf: »Meine Schuld – es ist meine Schuld! Noch nie bin ich so lang bei der Wirtin beim Ratschen gewesen, noch nie!« Aber musste der Herrgott sie dafür so hart bestrafen? Hatte sie nicht all die Jahre ihre Pflicht getan, obwohl es oft schwer war?

»Herrgott im Himmel, kannst du so grausam sein?«

Sie musste sich an den nächsten Fichtenstamm lehnen, Ringe tanzten vor ihren Augen in allen Farben, und die Knie zitterten wie Espenlaub. Und wie sie so am eisigen Stamm nach Atem rang, hörte sie von oben ein leises Kinderweinen. Um die Kurve kam Maria, gezerrt von Wastl.

Die Ursula stürzte beiden entgegen, fiel auf die Knie und umfing sie weinend vor Glück, bis Maria sagte: »Ursula, der Vati liegt da oben bei der großen grauen Tanne. Er schläft und ist ganz kalt.« Und wieder überkam die Ursula ein neuer Schrecken.

Da hörte sie unter sich in kurzen Abständen die Männer rufen, sie hob ihre Hände an den Mund und schrie angstgepeitscht in den Wald unter sich: »Hilfe – Hilfe!«

Als sie Antwort bekam, raste sie weiter bergauf, sie sah noch, dass einer der Männer auf das Kind zueilte und es auf den Arm nahm. Noch einmal schickte sie ihren Hilferuf hinunter, dann trieb die Todesangst um Sebastian sie vorwärts.

Von der Muttertanne aus hätte sie ihn nicht zu sehen vermocht. Aber die Liebe einer Frau hatte gar feine Sinne. Bald hatte sie ihn gefunden, starr, steif, scheinbar ohne Leben. Doch Ursula war keine Frau, die sofort aufgab, sie wollte und musste dem Tod den Sebastian wieder abringen, um jeden Preis. Sie riss in fliegender Hast seine Jacke auf, seinen Pullover, sie legt ihr Ohr an die Stelle, wo das Herz schlagen musste. Aber es rührte sich nichts unter dem eiskalten, leblosen Fleisch. Nur ihr eigener Herzschlag trommelte bis in die Kehle. Sie musste sein Herz zwingen, wieder zu schlagen – sie musste es zwingen!

Sie legte den Leblosen vorsichtig auf den Rücken, kniete sich nieder und knetete den Brustkasten mit der ganzen Kraft der Verzweiflung. Eins – zwei! Eins – zwei! Als ihre Arme zu erlahmen begannen, hörte sie zwei der Männer reden.

»Hier«, schrie sie, »hier!«

Und als sie von der Höhe herunterschlitterten, wies sie jedem der Männer seine Arbeit zu. Der eine nahm ihren Platz ein, er war bei der Bergwacht und wusste Bescheid. Dem Anderen trug sie auf, Sebastians Hände zu reiben. Sie selber kniete sich seitlich und atmete dem Leblosen ihren eigenen Atem in die geöffneten Lippen.

»Sebastian«, bettelte und beschwor sie, »Sebastian, wach auf!«

Der Wirt sagte leise zum Fichtner: »Ich hab die Trage im Rucksack, ich glaub, wir tragen ihn hinunter. Bei seinem Hof steht der Krankenwagen.« Er stupfte die Ursula leise an: »Ursula, es hat keinen Sinn mehr. Wir tragen ihn jetzt hinunter.«

Aber Ursula umklammert den Mann, dem sie Leben einhauchen wollte, mit verzweifelter Entschlossenheit.

»In einer halben Stunde kann's zu spät sein. Atmen muss er wieder – atmen! Macht weiter – ich bitte euch – macht weiter.«

Und wieder versahen die Männer ihren Dienst, obwohl ein jeder von ihnen überzeugt war, dass der Sperberhofer nicht mehr aufwachen würde.

Da sah die Ursula, als sie sich wieder aufrichtete, dass sich im Gesicht des Sebastian etwas verändert hatte. Es war nicht mehr die Starre in ihm. Ein leises Zucken ging um seinen Mund, und die schweren Wimpern bewegten sich.

Keiner der andern hat es noch bemerkt. Erst der jubelnde Schrei der Ursula: »Sebastian, Sebastian!«, ließ sie innehalten in ihrem Bemühen, und der Fichtner sagte mit einem tiefen Seufzer der Erlösung:

»Er rührt sich, der Sebastian rührt sich!«

Wie von weither traf den Bewusstlosen die schluchzende Liebkosung: »Sebastian – Sebastian, dass du nur lebst!«

Mit schmerzhafter Mühsal öffnete er die Augen und fragte, noch ganz wirr: »Wo bin ich – was wollt ihr?«

Ursula drückte ihr Gesicht an seines und lachte und weinte gleichzeitig:

»Jetzt wird alles wieder gut, Sebastian! Alles wird wieder gut!«

Bergab hielt die Ursula seine eisige Hand in ihrer warmen, um immer, wenn dem Wiedererwachten die Augen zufallen wollten, beugt sie sich über ihn und beschwor ihn: »Du darfst nicht einschlafen, Sebastian. Denk nach, denk über alles nach. Du warst lange bewusstlos. Du darfst nicht mehr einschlafen. Und wenn du was erfroren hast, wir nehmen die besten Ärzte im Krankenhaus in Tölz, alles wird wieder gut.«

Sie hatte ihren Wettermantel auf die Trage gebreitet und ihn zugedeckt. Darüber hatte der Wirt den seinen getan, bis zum Krankenwagen musste das reichen. Das Haar der Ursula glänzte im Mondlicht weiß wie Silber. Nur ihre dunklen Augen leuchteten, und ihre Wangen brannten wie Pfingstrosen. – Sebastian, der langsam das Leben in sich erwachen fühlte, musste sie immer nur anschauen.

Vor dem Sperberhof wartete der Rotkreuzwagen mit dem Sanitäter. Die Altbäuerin stand unter der offenen Haustür und weinte vor Glück, als der Sohn sie von der Trage her anlächelte.

Die Ursula bestand darauf, im Krankenwagen mitzufahren und ließ seine Hand nicht aus der ihren. Sie spürte seine Schmerzen mit, die sein Gesicht verzerrten, jetzt, wo das Blut wieder einfloss in die erstarrten und leblosen Glieder.

Der Arzt, der Nachtdienst hatte, schaut die große Frau mit dunklen Augen eindringlich an und fragte: »Sind Sie seine Frau?« Da schüttelte sie lächelnd den Kopf und gestand: »Noch nicht, aber bald.«

Sie durfte auf dem Flur warten, bis die Untersuchung beendet war. Mit ernstem Gesicht trat der Arzt auf sie zu und sagte: »Er wird durchkommen trotz der schweren Gehirnerschütterung. Am meisten gelitten haben die Hände. Wenn sie nicht mit Schnee lange gerieben worden wären, hätten sie eine Erfrierung dritten Grades erlitten, und wir hätten sie amputieren müssen.«

Die Ursula erbleichte, und der Arzt setzte eilig hinzu.

»Nun, seine Hände sind gerettet. Wär ein trauriges Bild, ein Bauer ohne Hände.«

»Und die Füße?«, fragte die Ursula mit laut klopfendem Herzen. »Die Füße?«

»Die haben die dicken Schafwollsocken gerettet. Das sind Socken, wie ich selbst welche brauchen könnte, eine solche Qualität gibt es nicht zu kaufen.«

»O, Herr Doktor«, jubelte die Ursula auf, »Herr Doktor, wenn Sie solche wollen, ich strick Ihnen die schönsten und wärmsten, die ich je gestrickt hab!«

Da lachte der Doktor und versprach der Ursula, dass sie keine Sorgen zu haben brauche.

Als sie über die Isarbrücke ging, um am Taxistand einen Wagen zu nehmen, und wenn er tausend Mark kosten würde bis zum Sperberhof, stand da neben seinem Wagen der junge Rauchenberger. »Ich hol dich ab, Ursula, kannst doch nicht auch noch heimlaufen jetzt nach der Aufregung.«

Ursula war so bewegt, dass ihre Augen feucht wurden. Und weil sie in dieser Nach dankbarer und glücklicher war als jemals zuvor, versprach sie:

»Nachbar, du hast einmal den Sebastian um seinen Zopferljanker beneidet. Du kriegst von mir den gleichen von handgesponnener, handgestrickter Lammwolle.«

»Das ist ein Wort!«, freute sich der junge Rauchenberger. »Aber ich hätt's auch ohne das gern getan.«

13

Die Kälte ging durch Mark und Bein am Weihnachtsabend. Wenn man vors Haus trat und die eisige Luft einatmete, musste man die Augen schließen vor all dem Glanz. Maria war aufgeregt bis in die Fingerspitzen. Ihr Bild, die Gerdi und die Lisa, stand mitten auf dem riesigen runden Tisch, über den die Ursula das schwere, mit Tannenästchen und Kerzen bestickte Leinentuch gebreitet hatte, von dem die Altbäuerin behauptete, das habe schon die Schwiegermutter der Großmutter gestickt. Ein großer, bunt bemalter Korb mit Äpfeln, Birnen, Nüssen und hausgebackenen Lebkuchen stand daneben. Oben auf den Kachelofen hatte Ursula eine Hand voll Wacholder und Tannengrün gelegt, ihr Duft füllte die ganze Stube.

Der Doktor hatte der Ursula gesagt, dass der Sperberbauer heute heim dürfe, wenn er ihm verspreche, noch eine Woche ruhig liegen zu bleiben. Maria schwatzte vergnügt auf Wastl ein, zeigte ihm die alten Reiter in ihren Rüstungen, die silberumsponnenen Glaskugeln auf den duftend grünen Zweigen des Christbaums, der vom Boden bis zur schweren Holzdecke reichte, aber Wastl war nicht ganz bei der Sache. Und lange bevor der Wagen des alten Rechtsanwalts und seiner Frau um die Waldecke bog, kratzte der Wastl schon an der Stubentür, als ginge es um sein Leben, und als die beiden die Tür öffneten, brach er in ein Freudengeheul aus, das man weitum hören musste.

Sie kamen nicht nur zum Guten-Abend-Sagen, die beiden, die da die Tür öffneten und ein Deckelkörbchen in den Armen trugen. Nachdem es Frau Luscha gelungen war, sich frei zu machen von Wastls Liebesbeweisen, nahm sie Maria in den Arm und sagte: »Du und der Wastl, ihr habt euch sehr lieb, ich weiß es, Maria. Aber schau – mein Mann und ich sind ganz allein. Wir haben keine Kinder. Wir haben nur den Wastl.«

Maria ahnte, was nun kommen würde. Ihre Lippen begannen zu beben und ihre Augen füllten sich mit Tränen. Da sagte die Frau Luscha schnell: »Aber im nächsten Jahr, wenn wir wieder in Kur müssen, bringen wird dir den Wastl wieder.«

Und nun die tiefe Stimme des Rechtsanwalts: »Aber damit dir das Warten nicht schwer wird, Maria, schenken wir dir einen ganz jungen Wastl, der dir gehört für immer.« Und er hob den Deckel vom Körbchen, und heraus schaute mit verwunderten, großen Augen ein winziges Borstenknäuel, mit krummen Beinchen und einem ebenso hellen Fleck an der Brust, wie der Wastl einen hatte. »Seine beiden Eltern sind preisgekrönte Jagdhunde, auch dein Vati wird Freude an deinem Wastl haben.«

Maria war fast erschlagen vor Seligkeit. Sie drückte das Hundekind mit einer Liebe an sich, die allen, die es sahen, ans Herz griff. Die Altbäuerin streckte die Hand aus und bedankte sich bei Herrn

Luscha, dass er ihnen den Wastl anvertraut hatte. Ohne das Tierchen würde heute ihr Sohn wahrscheinlich auf dem Friedhof liegen. In kurzen Worten erzählte die Alte, was geschehen war, aber Frau Luscha erkannte daraus, dass man jeden Augenblick die Ankunft des Genesenden erwartete, und beide verabschiedeten sich rasch.

Bevor sie gingen, sprang Maria die Stiege hoch und holte das Zeichenblatt mit dem Wastl darauf. So naturgetreu war er abgebildet, als ob er sofort »Hau-Hau« sagen würde. Und der Rechtsanwalt und seine Frau sagten, ein so schönes Weihnachtsgeschenk hätten sie noch nie bekommen. Ursula hatte indes einen Pappteller mit Gebäck neben den Fahrersitz gestellt. Alle standen vor der Tür und winkten dem Wagen noch nach, da sahen sie zwei Lichter um die Waldmauer biegen und wussten, dass der Rauchenberger den Vater heimbrachte.

Aus dem roten Bahnbus München-Lenggries stieg ein einziger Fahrgast, im gelben Skidress mit einer riesigen Fuchsfellmütze über dem goldblonden Haar. Einen leichten Reisekoffer und eine gleichfarbige Schultertasche führte die Frau mit sich. Ihr Blick galt der Taxihaltestelle, es wartete noch ein Wagen. Als sie einstieg, schrak der Fahrer zusammen, als hätte er einen Geist gesehen. Dann schüttelte er unwillig den Kopf und nannte sich selbst im Geiste einen Hornochsen. Die Sperberhoferin, die ihrem Bauern nach wenigen Jahren Ehe durchgebrannt war, hatte nicht ausgesehen wie die da. Schwarzumrandet die Augen, knallrot der stark vergrößerte Mund, silbern gefärbt die Fingernägel. Und ein Parfüm hatte die, da wurde es einem ganz schwummrig. Allerdings roch sie auch nach Alkohol, und obwohl sie sich gut unter Kontrolle hatte, war schon ein leichtes Lallen in ihrer Stimme vernehmbar, als sie ihr Fahrziel nannte: »Zum Wirt.«

»Was will die beim Wirt?«, dachte der Fahrer. Aber es ging ihn schließlich nichts an. Da hätte man viel zu tun gehabt, wenn man sich über Woher und Warum jedes Fahrgasts Gedanken gemacht hätte. Die Frau daheim wartete und wollte die Kerzen am Weihnachtsbaum anzünden. Er war kein junger Ehemann mehr, aber er freute sich aufs Heimkommen.

Der Ort war weihnachtlich still. Fast jede Straße hatte einen Weihnachtsbaum mit brennenden Kerzen, kein Zweig bewegte sich, es war eine stille, sternklare und kalte Nacht.

So feierlich ruhig war es, dass man das leise Rauschen der Isar hörte, als sie über die Brücke fuhren. Jeder Baum, jeder Strauch war geschmückt mit Raureif. Als die Fremde an der Einfahrt zum Wirt ausstieg und ihn bezahlte, musste er noch einmal denken: ›Und es ist doch die Sperberhoferin.‹ Er war ihr seinerzeit öfter begegnet. Beim Wenden sah er noch, dass sie auf der Straße stehen blieb und sich umschaute. Dann aber fuhr er eilends weiter, heim zu seiner Frau und dem Christbaum, und vergaß seinen seltsamen Fahrgast.

Eva Troller ging mit einem Orkan an Gefühlen durch die Nacht. Es war hier alles größer, freier geworden, seit sie weggegangen war.

Unabsehbar weitete sich der Sternenhimmel, es war, als ob keine schwarze Mauer mehr den Blick in die Ferne verwehrte.

Oder war das nur, weil die Bäume wie versilberte, diamantenbesäte Türme in das nächtliche Licht ragten? War dadurch alles heller, gelöster, weniger drückend geworden?

Wovor eigentlich war sie geflüchtet? Keiner auf dem Sperberhof hatte ihr ein Leid getan. Sogar die Großmutter hatte die Frau ihres Enkels in ihr respektiert, Sebastians Mutter ihr sogar hin und wieder scheue Beweise ihrer Zuneigung entgegengebracht, und Ursula, die Haushälterin war bewundernswert willig gewesen und hatte dutzend Mal zur eigenen Arbeit die der Frau mitübernommen.

Das Kind – das Kind mit dem Buckel, die verkrüppelte Maria, die sie immer mit schreckhaften Augen angesehen hatte – war es das gewesen? Oder war es der Mann selber oder doch nur das Heimweh nach der Großstadt gewesen, wenngleich diese Stadt ihr nichts anderes geboten hatte als einen schlecht bezahlten Arbeitsplatz? Hatte sie jemals vorher und nachher so sorglos an das Morgen denken können wie als Bäuerin vom Sperberhof?

Eva Troller blieb stehen, eine eisige Kälte ging ihr durch den Körper, es war, als ob er abstürbe. Die Füße spürte sie nicht mehr, so gefühllos waren sie in der Kälte bereits geworden. Warum auch hatte sie die eng anliegenden, eleganten Stiefel angezogen?

Was für ein Leben war das gewesen, seit sie nach Hamburg, zu Hans, ihrer ersten großen Liebe gefahren war. Drei Wochen war alles gut gegangen. Er hatte sie aufgenommen wie einen Schatz. Und sie hatte tatsächlich an die Echtheit seiner Gefühle geglaubt. Da war eines Abends seine Freundin von einer Reise zurückgekommen und hatte sie vor die Tür gesetzt.

Doch der Kontakt zu Hans war nicht abgerissen. Er verschaffte ihr eine kleine Wohnung und dazu Arbeit in einem seiner Kellerlokale, und als er merkte, dass alle Männer ihr lüsterne Blicke nachwarfen, machte er ihr einen Vorschlag: Was liege denn daran, wenn sie hin und wieder so einen verliebten alten Trottel mit heimnehme? Der alte Kapitän zum Beispiel habe eine schöne Rente, und außerdem gehöre ihm ein Mietshaus im vornehmsten Viertel der Stadt. Sie könne ohne Sorgen leben, wenn sie sich den warm halte.

Anfangs hatte ihr die Idee eingeleuchtet. Aber Hans veränderte sich, wurde kalt und grob zu ihr und wollte immer mehr Geld von ihr, immer größere Summen.

Bald reichte es nicht mehr, was ihr der alte Kapitän gab, wenn er kam. Da verlangte Hans, sie sollte nun auch andere Männer mit heimnehmen.

Es kam zum Streit, und zum ersten Mal schlug Hans sie und erklärte ihr, dass sie mehr Geld herbeizuschaffen habe. Aus Angst vor ihm hatte sie die

Flucht aus Hamburg ergriffen, und ihr war nichts anderes mehr eingefallen, als hierher zu flüchten.

Eva Troller begann zu weinen. Es war, als ob die Füße sich weigerten, weiterzugehen. Was war nur aus ihr geworden, seit das Taxi sie hier, an den beiden Eichen vorbei, vom Sperberhof weggebracht hatte? Sie kramte in ihrer Taschen nach dem Likörfläschchen, ohne das sie seit einiger Zeit keinen Schritt mehr vor die Tür gemacht hatte, denn manchmal überfiel sie auf offener Straße ein so schreckliches, Schwindel erregendes Angstgefühl, dass sie sich nur noch auf den Beinen halten konnte, wenn sie sich aus diesem Fläschchen gestärkt hatte. Nach einem kräftigen Schluck war ihr wohler, sie verstaute es wieder und ging weiter.

Der Wald öffnete sich, und der Rauchenbergerhof lag vor ihr. Warm und heimelig fiel das Stubenlicht auf den Weg. Der Christbaum stand inmitten der Stube. Man hörte den tiefen Bass des jungen Rauchenbergers, den helleren Bariton seines Vaters und zwei Frauenstimmen: »Stille Nacht – heilige Nacht!«

So würde es jetzt auch auf dem Sperberhof sein. Vielleicht, dass Sebastian Mitleid hatte mit ihr, der Gestrandeten. Sie war bereit, vor ihn hinzuknien und mit aufgehobenen Händen um Verzeihung zu bitten.

Über dem Schönberg, jenseits des Flusses, fiel eine Sternschnuppe nieder. Eva Troller starrte ihr mit großen, schwarzumrandeten Augen nach. »Wie schön ist diese weiße Welt«, musste sie denken.

An der Waldmauer, hinter welcher der Sperberhof lag, stand eine Bank, aus Fichtenstangen, grob zusammengefügt. Ein diamantenbesätes weißes Kissen aus Schnee lag darauf. Kurz überkam Eva die Lust, sich hinzusetzen, aber dann ging sie entschlossen weiter, um es hinter sich bringen. Wenn er sie hinausjagte wie einen Hund, dann konnte sie sich immer noch dort hinsetzen.

Nun schimmerten schon die Lichter des Christbaums auf dem Sperberhof. Da hingen Kugeln an den Zweigen und Sterne, seit Generationen aufbewahrt, Reiter und Gnomen, Elflein und Engel, Vögel und Drachen, von Künstlerhand geformt. Die Großmutter hatte sie immer selbst verpackt und wieder aus der alten Truhe geholt, die in ihrem Zimmer stand.

Eva hatte die Hand bereits auf der Klinke der eichenen Haustür, aber sie fand nicht den Mut, sie herunterzudrücken. Sie trat wenige Schritte zurück, nahe an das Fenster, von wo aus sie die Stube überblicken konnte. Auf der Ofenbank saß die Altbäuerin und schaute mit wunschlos glücklichen Augen in die Lichter des Baumes.

Maria – nein, das konnte nicht Maria sein, Maria hatte einen Buckel – sie hatte nur dasselbe Haar und die selben Augen – es war ein ähnliches Kind und lehnte an den Knien der alten Frau mit einem kleinwinzigen Hündchen im Arm, auf das es ununterbrochen einredete. Aber wo war bloß die Großmutter?

An den runden Tisch gerückt, sah sie im altväterlichen Lehnstuhl Sebastian sitzen, und ihr Herzschlag setzte aus.

Das war nicht der Mann, den sie verlassen hatte, mit finsteren Augen und gefurchter Stirn, das war ein anderer! Der Mann im Lehnstuhl war jünger geworden, seine Stirn glatt und seine Mundwinkel ohne schmerzliche Kerben, seine Augen strahlten hell und voller Lebenslust. Sie sah, wie er ein Päckchen, das auf dem Tisch lag, in die Hand nahm und öffnete. Eine kleine Schmuckschatulle war darin aus rotem Samt und mit silberner Schließe. Sie kannte diese Schmuckschatulle, die Großmutter hatte sie ihr einmal gezeigt und gesagt: »Wenn der erste Troller getauft wird, dann leg ich seiner Mutter diesen Granatschmuck um. Ich alte Frau brauch ihn dann nicht mehr.«

Wie eine Erleuchtung durchzuckten sie ihre eigenen Worte, die sie damals, vor ihrer Abreise an Sebastian geschrieben hatte: »Wenn ich dir einen guten Rat geben darf, heirate die Ursula.«

Eben kam sie herein mit dem weitbauchigen, bemalten Glaskrug, aus dem der Punsch dampfte. Die Gläser standen bereits auf dem Tisch. Immer näher drückte sich die Lauscherin an die Mauer. Sie konnte klar und deutlich verstehen, was hinter dem Fenster gesprochen wurde, denn der Sperberhof hatte keine Doppelfenster. Ein schneller, zuckender Schmerz stach in der Herzgegend, als sie im Licht der Deckenlampe ganz deutlich das Gesicht der Ursula aufleuchten sah. War das wirklich die Ursula? Diese schöne Frau mit den rosigen Wangen, den dunklen Augen und dem herrlichen Haar? Auch sie war jünger geworden.

Da hörte sie Sebastian sagen: »Ursula, wenn ich schon still liegen muss, so komm her. Die Großmutter hat mir, bevor sie gestorben ist, ihren Schmuck übergeben. Nun sollst du ihn tragen als meine Braut und, sobald ich die Scheidung hinter mir habe, als meine Bäuerin. Und hab noch mal Dank für alles – für alles!«

Die Ursula drückte ihre Wange an die von Sebastian, und so verharrten sie lange. Eva Troller taumelte zurück vom Fenster und hastete fort vom Hof, dem Waldweg zu. Es war ihr, als ob das Glück innerhalb der Mauern des Sperberhofes sie vorwärts peitsche. Sie hatte einem ehrlichen Mädchen den Freund weggenomen, ohne Hemmung. Und was sie in Hamburg gemacht hatte, war nichts anderes gewesen als Prostitution, auch wenn sie es anfangs nicht erkannt hatte. Aber so schlecht, dass sie einbrechen konnte in das Glück auf dem Sperberhof, so schlecht war sie noch lange nicht.

Eine Art Hochgefühl nach diesem Entschluss brachte ihr Blut wieder ins Strömen, sie öffnete die Tragtasche, griff nach der Likörflasche und nahm einen langen Schluck. Da war ja die kleine Bank mit dem Kissen aus Schnee darauf, sie legte die lederne Tragtasche auf den Harsch und setzte sich. Mit einem Mal verspürte sie keine Schmerzen mehr, fühlte das lebendige, warme Blut wieder durch die Adern rinnen. Noch einmal setzte sie die Flasche an die Lippen. Nichts Qualvolles gab es auf der Welt, für das es nicht ein Gegenmittel gäbe, musste sie denken. Und dieser Likör war so ein Gegenmittel.

Sebastian und Ursula sollten glücklich sein. Sie würde in eine andere Stadt ziehen und ein neues Leben beginnen. So wohl war ihr auf einmal, so leicht und frei, das Leben lag wieder vor ihr in hellen Farben. Es war eine reine Wonne, wie wohlig müde sie auf einmal wurde. Es war gar nicht nötig, sofort weiterzugehen. Ihr war nicht kalt, es konnte ihr nichts passieren, wenn sie ein kleines Schläfchen machte. Zum Frühbus nach München würde sie noch rechtzeitig kommen.

Maria lag selig in ihrem Bett und presste einen seidenhaarigen Bären an sich. Der war unter dem Christbaum gelegen, und Vati und die Ursula sagten, dass die Urgroßmutter noch bestimmt hatte, dass ihre Maria den kriegen sollte zur Weihnacht.

Im Körbchen neben der Bettstatt hatte sich das kleine Borstenknäuel zusammengerollt, satt und zufrieden. Maria hatte versprechen müssen, dass sie ihr Hundekind nicht mit ins Bett nahm, weil es sonst verwöhnt würde, und das wäre schlecht gewesen. Hunde sollten nicht verwöhnt werden, genauso wenig wie Menschen. Aber immer wieder beugte sich Maria, über die Maßen glücklich, zum Körbchen hinunter und flüsterte:

»Du gehörst mir – du gehörst mir! Ich hab dich genauso lieb wie den Wastl! Aber du heißt Struppi, hat die Tante Luscha gesagt, und du seist eine kleine Hundeprinzessin.«

Es war schon Mitternacht, als die Schlafkörner des Sandmännchens endlich wirkten und der Mond großradig und schimmernd überm Sperberhof vorüberzog.

Unten in der tannenduftgeschwängerten Stube waren Sebastian Troller und die Ursula allein. Die Altbäuerin war hinübergegangen in ihre warme Stube. Ihr Weihnachtsgeschenk, eine Steppdecke aus reiner Lammwolle, hatte sie mit sich genommen, sie sollte ihr gut tun gegen Gicht und Rheuma. Aber noch viel glücklicher machte sie etwas anderes: Der Sohn lebte und würde keine Verletzungen zurückbehalten. Das Kind, gesund und unverkrüppelt. Die Ursula trug den Schmuck der Trollerinnen um den Hals, und der Sohn sah die Ursula an wie ein verliebter Jüngling.

Ganz müde war sie geworden vom Glück, das über den Hof gekommen war. Glaube niemand, nur Unglück zu tragen erfordere Kraft – Glück zu tragen kann genauso schwer sein!

Als die Ursula zurückkam, schaute ihr Sebastian entgegen. »Ursula«, sagte er, »Ursula, setz dich zu mir.«

Er fasste nach ihrer Hand, hielt sie fest und schloss die Augen, damit er besser sehen konnte in eine andere Welt.

»Ursula, du weißt, dass ich die Dinge sehe, wie sie sind. Und darum wirst du mir auch glauben, was ich dir jetzt sage. Du bist und bleibst der einzige Mensch, mit dem ich darüber sprechen kann. Ursula, ich weiß, wie es ist nach dem Sterben. Glaub mir – ich bin drüben gewesen in der anderen Welt. Immer noch höre ich den Klang noch von drüben – den unbeschreiblichen Klang. Er füllt das ganze Weltall, die Ewigkeit. Niemand kann begreifen, wie schön er ist. Ich hab Tag und Nacht nachdenken müssen im Tölzer Krankenhaus, womit man ihn vergleichen könnte. Da hab ich's gefunden. Ich glaube, es ist, als wenn abertausend Harfen im Universum ganz leise zu klingen anheben, in wenigen Tönen – sie heben und senken sich, weich und milde, wie Wellen eines Sees, über den ein leiser Wind hinzieht. Ich hab, wie ich so ein Teil des Universums war, keine Erinnerung gehabt an das, was vorher war. An keinen Sperberhof, keinen Menschen, an keine andere Welt. Ich gehörte zu diesem Klang, zu diesem Licht von abermillionen Sternen. Ich war ohne Körper, hatte aber dennoch Gehör, Gesicht und Gefühl für das Wunderbare, das mich trug. – Die Sterne sah ich unbegrenzt bis in unbegreifliche Fernen. Sie strahlten, wie sie draußen am Nachthimmel leuchten, nur waren sie größer, auch bewegten sie sich, vielleicht kam von ihnen der Klang – der unbeschreibliche Klang. Ich seh sie immer noch vor mir, wie sie sich bewegten in einem warmen, rotgoldenen Licht, es war wie ein leiser Tanz nach Gesetzen aus der Ewigkeit. Sie waren über mir, unter mir, neben mir und dennoch war es, als ob sie unerreichbar weit von mir entfernt seien und nur ihr Leuchten traf mich und der Klang. Wenn das der Himmel ist, so bin ich im Himmel gewesen. Alles, Glück und Leid, Kummer und Angst, Leidenschaft und Erschöpfung ist zurückgeblieben auf dem Stern, auf dem ich gelebt habe. O Ursula! Wenn ich